एकोरूट

एकांत के उपहारों को पुनः प्राप्त करें

एकोरूट

एकांत के उपहारों को पुनः प्राप्त करें

जे.पी. अधिकारी

JPAdhikari Books™

यह पुस्तक मूलतः अंग्रेज़ी में लिखी गई थी और इसका यह हिंदी संस्करण लेखक द्वारा अनूदित है।

यह पुस्तक एक गैर-कथात्मक कृति है। यद्यपि लेखक ने प्रस्तुत जानकारी की शुद्धता सुनिश्चित करने और इसे यथासंभव व्यापक बनाने का हर संभव प्रयास किया है, फिर भी यह पुस्तक केवल सूचना एवं शैक्षिक उद्देश्यों के लिए है। इसका उद्देश्य किसी भी प्रकार की पेशेवर मनोवैज्ञानिक, चिकित्सीय या अन्य सलाह प्रदान करना नहीं है। पाठकों को अपने व्यक्तिगत परिस्थितियों के अनुरूप मार्गदर्शन के लिए योग्य विशेषज्ञ से परामर्श लेना चाहिए।

प्रथम संस्करण 2026

ISBN: 978-81-992645-0-2

JPAdhikari Books™

आवरण डिज़ाइन और आंतरिक स्वरूपण : JPAdhikari Books™

प्रेम और कृतज्ञता के साथ
मेरे माता-पिता को समर्पित।

लेखक की ओर से

एकांत हमेशा से एक शांत शक्ति रहा है—एक ऐसा स्थान, जहाँ जीवन ठहर जाता है और आत्मा अपनी ही गूंज सुनती है। लगातार शोर पैदा करने वाली इस दुनिया के बीच, **एकोरूट** मेरी अपनी भीतर की यात्रा का एक फल है। इस पुस्तक के विचार, भावनाएं, संवेदनाएं और अंतर्दृष्टि मेरे अपने जीवंत अनुभवों और गहरे चिंतन से उपजे हैं।

यह पुस्तक दिल से दी गई एक भेंट है जो पाठकों को अपने भीतर के ज्ञान को फिर से खोजने के लिए आमंत्रित करती है, और हर अध्याय के माध्यम से उपस्थिति, उद्देश्य और शांति की ओर एक सौम्य मार्गदर्शन प्रदान करती है। मेरी कामना है कि यह आपको सहजता से आपके भीतर के उस शांत बिंदु तक ले जाए, जहाँ एकांत ताकत बन जाता है और मौन बोलने लगता है।

एक शांत दृढ़ता के साथ,
जे.पी. अधिकारी

प्रस्तावना

हमारी इस बेचैन दुनिया में, जहाँ हर वक्त एक-दूसरे से जुड़े रहने को तो बढ़ावा दिया जाता है, लेकिन ठहराव की कद्र नहीं की जाती, हम चुपचाप कुछ बहुत कीमती खो रहे हैं —खुद के साथ रहने की हमारी क्षमता।

हम हर तरफ से शोर और उलझनों से घिरे हुए हैं —हमारे गैजेट्स पर नोटिफिकेशन्स की लगातार बजती घंटियां, पह-चान बनाने का दबाव, या फिर पीछे छूट जाने का डर। इस डिजिटल युग में, एकांत को अक्सर गलत समझा जाता है, इससे डरा जाता है, या इसे अकेलेपन और कमी की निशानी मानकर नकार दिया जाता है। लेकिन क्या हो अगर हमारा यह नज़रिया ही पूरी तरह गलत हो?

यह पुस्तक आपको आमंत्रित करती है कि आप एकांत को एक खालीपन की तरह नहीं, बल्कि एक अर्थपूर्ण उपस्थिति की तरह महसूस करें। यह पुस्तक आपको अनुभव कराएगी कि सच्ची स्पष्टता, सुकून और रचनात्मकता शोर में नहीं, बल्कि उस ठहराव में जन्म लेती हैं, जिससे हमने दूरी बना ली है।

एकोरूट आपके भीतर छिपे आपके असली वजूद तक वापस लौटने का एक कदम-दर-कदम सफर है। यह पुस्तक उस पवि-

त्र एकांत समय की अहमियत पर ज़ोर देती है—सजग होकर सांस लेने, खुद पर विचार करने और स्पष्ट सुनने पर—जहाँ आप दुनिया को नहीं, बल्कि अपनी अंतरात्मा की आवाज़ को सुनते हैं। वह भीतरी आवाज़ अधिक प्रज्ञावान है, क्योंकि उसी में ज्ञान, शांति, बुद्धिमत्ता और शक्ति का स्रोत निहित है।

इस पुस्तक का प्रत्येक अध्याय आपको एकांत की इस क्रांति के और अधिक निकट ले जाता है। इसकी शुरुआत इस आम मिथक को तोड़ने से होती है कि एकांत और अकेलापन एक ही बात है। आप जानेंगे कि न्यूरोसाइंस के अनुसार एकांत के पलों में हमारा दिमाग कैसे काम करता है, शांति के लिए अपने आस-पास का माहौल कैसे तैयार किया जाए, और जब आप शोर और भटकाव से परे जाते हैं तो मन में उठने वाली रुकावटों का सामना कैसे किया जाए।

माइंडफुल जर्नलिंग, ध्यान और ठहराव, प्रकृति के बीच टहलने और अपनी रचनात्मकता को बहने देने जैसे अभ्यासों के ज़रिए, आप न केवल अकेले वक्त बिताना सीखेंगे, बल्कि विकास करना भी सीखेंगे। आप खुद को एक नई गहराई और विस्तार के साथ फिर से खोज पाएंगे।

यह पुस्तक केवल भीतर की नहीं, बाहर की दुनिया की ओर भी एक यात्रा है। जब आप एकांत को अपने दैनिक जीवन का स्वाभाविक हिस्सा बना लेते हैं, तो उसकी छाप आपके रिश्तों में, आपकी उपस्थिति में और आपके विचारों की स्पष्टता में दिखने लगती है। एकांत जीवन से पलायन नहीं — यह अधिक सजग, अधिक जीवंत होकर जीने की कला है।

एकोरूट सिर्फ उन लोगों के लिए नहीं है जो ज़िंदगी में भटक गए हैं या टूट गए हैं — यह उन सभी के लिए है जो अपने

असली स्वरूप में लौटने और उसकी शांति महसूस करने के लिए उत्सुक हैं।

मैं आशा करता हूँ कि यह पुस्तक आपको ठहराव, साहस और स्वयं को जानने के उस रास्ते पर ले जाए — जो सदा से आपके भीतर था।

एकोरूट में आपका स्वागत है।

खुद की ओर लौटने के इस सफर की शुरुआत में आपका स्वागत है।

जे.पी. अधिकारी

विषय सूची

1

एकांत की बदलाव लाने वाली शक्ति

यह दुनिया एक अंतहीन जुड़ाव की ओर बढ़ रही है। हमें यही सिखाया गया है कि खुद को पूर्ण महसूस करने के लिए, हमारे आस-पास हमेशा दोस्त होने चाहिए, हमें हमेशा सामाजिक समारोहों का हिस्सा होना चाहिए, और हमेशा उपलब्ध रहना चाहिए। आधुनिक जीवन के इस भागदौड़ और जुड़ाव की जाल में, एकांत के विचार के इर्द-गिर्द अक्सर बेचैनी और असहजता महसूस की जाती है। इसे अक्सर अकेलेपन के बराबर मान लिया जाता है —एक ऐसा निराशाजनक, कचोटने वाला खालीपन जिसे कोई नहीं चाहता। हम अक्सर अकेले बैठे व्यक्ति को हताशा के प्रतीक के रूप में देखते हैं, और अकेले होने को हम निराशा, अलगाव या टूटने से जोड़ देते हैं।

लेकिन क्या हो अगर वह व्यापक रूप से मानी जाने वाली बात केवल आधा सच हो? क्या हो अगर, आधुनिक जीवन के शोर और झंझटों के नीचे, जानबूझकर चुने गए एकांत की ताकत से जुड़ा एक सच दफन हो? उस सच को अपनाना एक उपहार है —यह क्रांतिकारी एहसास कि एकांत और अकेलापन एक नहीं हैं। और, सच तो यह है कि अकेले समय बिताना एक ऐसी अनदेखी ताकत है जो आपके दिमाग को फिर से तरोताज़ा कर सकती है, आपके आत्म-ज्ञान को गहरा कर सकती है, और स्पष्टता और रचनात्मकता के उस स्तर को जगा सकती है जिसके बारे में आप खुद भी नहीं जानते थे।

एक ज़रूरी अंतर

आइए, सबसे पहले उस प्रचलित भ्रम को दूर करें — कि अकेले होने का मतलब हमेशा अकेलापन ही होता है। यह गलतफहमी उस इंसान के लिए एक खामोश दीवार बन जाती है जो एकांत के जीवन बदलने वाले फायदों का आनंद लेने की कोशिश करता है।

अकेलापन कोई स्थिति नहीं, बल्कि एक एहसास है। यह अलगाव का एक अप्रिय एहसास है, जहाँ लोगों की शारीरिक उपस्थिति भावनात्मक रूप से भटके हुए होने के एहसास को कम नहीं कर पाती। आप किसी भीड़-भाड़ वाली जगह पर, किसी जीवंत समारोह में, या यहाँ तक कि किसी भावनात्मक रूप से दूर हो चुके रिश्ते में भी अकेलापन महसूस कर सकते हैं।

अकेलापन एक खालीपन की भावना से पैदा होता है —जुड़ाव की एक ऐसी तड़प जो अधूरी रह जाती है। अकेलापन एक निष्क्रिय अवस्था है — यह आप पर घटित होता है। यह आपकी ऊर्जा सोखता है, चिंता पैदा करता है, और आपको अलगाव व दूरी की ओर धकेलता है।

वहीं दूसरी ओर, एकांत अकेले रहने की एक चुनी हुई, जानबूझकर अपनाई गई स्थिति है। यह सक्रिय, सचेत और सशक्त बनाने वाली है। यह दूसरों की अनुपस्थिति के बारे में नहीं है, बल्कि 'खुद' की उपस्थिति के बारे में है। जब आप एकांत को अपनाते हैं, तो आप असल में अपने भीतर के स्वरूप से जुड़ने, विचार करने, रचना करने, खुद को नया जीवन देने, या बस बाहरी उम्मीदों से मुक्त होने के लिए जगह बना रहे होते हैं। एकांत आत्म-मंथन और विकास के लिए एक समृद्ध और उपजाऊ ज़मीन है। यह आपको थकाता नहीं है, बल्कि आपको पोषण देता है और नई ऊर्जा से भर देता है।

इस अंतर को समझिए:

- बिना सोचे-समझे सोशल मीडिया खंगालता एक व्यक्ति, जो अदृश्य और शांत है, वह अकेला है।
- अपनी कला में पूरी तरह डूबने के लिए स्टूडियो में खुद को समेट लेने वाला चित्रकार, एकांत के ठहराव में मज़बूत हो रहा है।
- घर पर बैठा एक व्यक्ति, जो किसी मैसेज के आने का इंतज़ार कर रहा है और खुद को नकारा हुआ महसूस कर रहा है, वह अकेला है।
- कई घंटों तक खेतों में टहलता हुआ, गहरी बातों पर विचार करता एक दार्शनिक, एकांत में है।

असली अंतर चुनाव और इरादे का है। अकेलापन वह चीज़ है जो किसी व्यक्ति पर थोपी जाती है; जबकि, एकांत समाधान पर केंद्रित होता है। एक कमी का एहसास है; तो दूसरा समृद्धि और संभावनाओं की स्थिति है।

सामाजिक कलंक

अगर एकांत इतना शक्तिशाली है, तो हम इससे बचते क्यों हैं? समाज आमतौर पर अकेले रहने वाले व्यक्तियों को संदेह, सहानुभूति या डर की नज़र से क्यों देखता है? अकेले होने का यह कलंक कई कारणों से हमने खुद ही पैदा किया है:

- **विकासवादी स्वभाव:** शुरुआती इंसानों के लिए, समूह से बाहर निकाले जाने का मतलब था खतरा, यहाँ तक कि मौत। वे कबीले के जुड़ाव के आधार पर जीते थे, और उससे बाहर होना उनके अस्तित्व के लिए खतरा था। हालाँकि हमारा माहौल बदल गया है, लेकिन बाहर निकाले जाने का यह डर हमारे भीतर गहराई तक बसा हुआ है, जो अक्सर सामाजिक चिंता या दूसरों के जैसा बनने की ज़रूरत के रूप में सामने आता है।
- **सांस्कृतिक प्रभाव:** छोटी उम्र से ही हमें टीमवर्क, लोक-प्रियता और लगातार सामाजिक मेलजोल को महत्व देना सिखाया जाता है। बाहर जाना सराहनीय माना जाता है, जबकि घर पर रहना असामाजिक या अस्वस्थ माना जाता है। फिल्में और मीडिया अक्सर अकेले रहने वाले लोगों को

परेशान या समाज से कटे हुए व्यक्ति के रूप में दिखाते हैं।

- **कनेक्टिविटी का युग:** हमारी इस अति-जुड़ी हुई दुनिया में, लगातार उपलब्ध रहने का एक अनकहा दबाव होता है। मोबाइल फोन, सोशल नेटवर्क और इंस्टेंट कम्युनिकेशन ऐप्स ने व्यक्तिगत जगह और सार्वजनिक उम्मीदों के बीच की रेखाओं को मिटा दिया है। अपने लिए समय निकालना लगातार बातचीत की इस संस्कृति के खिलाफ एक विद्रोह जैसा लग सकता है।
- **उद्देश्य की गलत समझ:** एकांत हमें क्या दे सकता है, इसकी सही समझ के बिना, इसे समय की बर्बादी या भावनात्मक संघर्ष का संकेत मानकर खारिज करना आसान है। ज़्यादातर समय, लोगों ने यह सीखा ही नहीं है कि अपने अकेले बिताए समय का सबसे अच्छा उपयोग कैसे किया जाए।

यह सामाजिक दबाव अक्सर हमें एकांत के लिए जगह बनाने से रोकता है, जिससे डर का एक चक्र बन जाता है। ऐसा करके, हम खुद को उसी चीज़ से वंचित कर देते हैं जो हमें भीतर से मज़बूत बना सकती है।

यह पुस्तक खुद के साथ आपके रिश्ते को बदलने के लिए आपका मार्गदर्शक है। मैं एकांतवास से भरे जीवन की वकालत नहीं कर रहा हूँ, बल्कि रोज़मर्रा की ज़िंदगी में एकांत को रणनीतिक और जानबूझकर शामिल करने की बात कर रहा हूँ। जैसे आप अपने शरीर को आराम करने और दूसरों से जुड़ने का मौका देते हैं, ठीक वैसे ही आपको अपने भीतर के स्वरूप को भी चिंतन, पुनर्नवीकरण और विकास के लिए समय और स्थान देनी चाहिए।

इस यात्रा के अंत में:

- आप समृद्ध करने वाले एकांत और थका देने वाले अकेलेपन के बीच के अंतर को स्पष्ट रूप से समझ जाएंगे।
- आप उन मनोवैज्ञानिक, न्यूरोलॉजिकल और रचनात्मक पुरस्कारों को समझेंगे जो एकांत प्रदान करता है।
- आप जानबूझकर एकांत को अपने जीवन में लाने की व्यावहारिक रणनीतियां सीखेंगे, चाहे आप कितने भी व्यस्त क्यों न हों।
- जब आप एकांत का अभ्यास शुरू करेंगे, तो सामने आने वाली अनिवार्य रुकावटों और असहजताओं से पार पाना सीखेंगे।
- आप एक मज़बूत और अधिक लचीली मानसिकता विक-सित करेंगे, जिससे स्पष्टता, अंतर्ज्ञान और धैर्य बढ़ेगा।
- आप एकांत में मिली समझ को अपने रिश्तों और रोज़म-र्रा की ज़िंदगी में ले जाना सीखेंगे, जिससे आप अधिक उपस्थित, ज़मीनी और प्रामाणिक बन पाएंगे।

पहला आत्म-मंथन

अपने जीवन के इस मोड़ पर एकांत के साथ अपने रिश्ते पर विचार करने के लिए कुछ पल निकालें। यहाँ कोई सही या गलत जवाब नहीं है, केवल आपके सच्चे अवलोकन हैं:

- जब आप अकेले होते हैं, तो आपके मन में सबसे पहले कौन-से विचार आते हैं? क्या वे आमतौर पर सकारा-

त्मक (सुकून देने वाले, रचनात्मक, विचारपूर्ण) होते हैं या नकारात्मक (डरावने, बेचैन करने वाले, उदासी से भरे)?

- क्या आप केवल अपनी खुद की उपस्थिति का आनंद लेने के लिए जानबूझकर अकेले समय बिताते हैं?
- जब आप अकेले होते हैं तो आप आमतौर पर कैसा व्यवहार करते हैं? क्या आपके काम सचेत और उद्देश्यपूर्ण होते हैं, या आप खुद को अंतहीन स्क्रॉलिंग या बिंज-वाचिंग जैसे भटकावों में उलझा हुआ पाते हैं?
- आपके जीवन में वे कौन से सांस्कृतिक संदेश या मान्यताएं हैं जिन्होंने अकेले होने के बारे में आपकी सोच को आकार दिया है?

जैसे-जैसे हम आगे बढ़ेंगे, इन विचारों को अपने साथ रखें। ये आपकी कुछ गहरी मान्यताओं को ढीला करने और एक ऐसी शक्तिशाली आंतरिक शक्ति को उजागर करने में मदद करेंगे, जो अर्थपूर्ण एकांत की शक्ति से जागृत होने की प्रतीक्षा कर रही है।

लगातार जुड़े रहने का आकर्षण

चूँकि हम अति-जुड़ाव के युग में रहते हैं, इसलिए जानबूझकर खुद को दुनिया के शोर से अलग करने का विचार लगभग अस्वाभाविक सा लगता है। हमारे फोन लगातार संदेशों से झनझनाते रहते हैं, सोशल मीडिया अपडेट लगातार आते रहते हैं, और संचार के माध्यम शायद ही कभी शांत होते हैं। हम

अक्सर मानते हैं कि लगातार बातचीत आवश्यक है, हमारा मूल्य किसी न किसी तरह सामाजिक ध्यान पर निर्भर करता है, और मौन एक ऐसा खालीपन है जिसे भरा जाना चाहिए।

लगातार जुड़े रहने की यह व्यापक संस्कृति एकांत के प्रति एक शांत, लेकिन शक्तिशाली प्रतिरोध पैदा करती है।

छूट जाने का डर (फियर ऑफ मिसिंग आउट - फोमो)

हाँ, यह सच है। "फोमो" कोई क्षणिक शब्द नहीं है, यह एक वास्तविक फोबिया है जो इस गलतफहमी से पैदा हुआ है कि बाकी सभी लोग हमसे ज़्यादा पूरी तरह से जी रहे हैं, ज़्यादा काम कर रहे हैं, और ज़िंदगी का ज़्यादा अनुभव ले रहे हैं। जब भी हम शोर से दूर जाने का फैसला करते हैं, फोमो हमें हज़ार सवालों से बींध देता है, हमें लगातार गतिविधि और मान्यता के भंवर में लौटने के लिए ललचाता है, भले ही वह भंवर हमें नीचे खींच रहा हो।

बाहरी मान्यता की लत

जाने-अनजाने में, हम में से ज़्यादातर लोग बाहरी दुनिया से मान्यता चाहते हैं—सोशल मीडिया पर लाइक्स और कमेंट्स के ज़रिए, साथियों से सराहना, या कार्यक्षेत्र में पहचान के रूप में। हालाँकि, एकांत हमें मान्यता के इन तत्काल स्रोतों से वंचित कर देता है, और हमें इस गहरे सवाल का सामना करने के लिए मजबूर करता है: "क्या दुनिया की प्रशंसा के बिना भी मेरा कोई वजूद है?" अगर अभी तक मान्यता का

कोई आंतरिक स्रोत विकसित नहीं किया गया है, तो मौन हमें बेचैन कर सकता है। फिर भी, इसी असहजता के भीतर बाहरी स्वीकृति से स्वतंत्र आत्म-मूल्य छिपा होता है।

उत्पादकता का भ्रम

हम व्यस्तता को उत्पादकता से जोड़ते हैं। लगातार व्यस्त रहना, चाहे वह कितना भी मामूली क्यों न हो, प्रगति जैसा लग सकता है। इसके विपरीत, एकांत "कुछ न करने" जैसा लग सकता है, जो नतीजों से चलने वाले इस समाज में अपराधबोध या चिंता पैदा कर सकता है। हालाँकि, यह एकांत ही है जहाँ गहरी समझ और रचनात्मक सफलताएँ जन्म लेती हैं।

भटकाव एक बचाव की रणनीति के रूप में

कुछ लोगों के लिए, बाहर की हर चीज़ का लगातार शोर, या यहाँ तक कि उनकी आंतरिक बातचीत, गहरे और अनसुलझे मुद्दों से ध्यान भटकाने का एक तरीका है। अपने आस-पास किसी का न होना हमें घुटन महसूस करा सकता है क्योंकि यह उन भटकावों को दूर कर देता है और हमें उन चीज़ों का सामना करने के लिए मजबूर करता है जिनसे हम निपटना नहीं चाहते।

ऐसे गहराई तक बैठे सामाजिक दबावों और आंतरिक प्रवृत्तियों को जानना एक सचेत विकल्प बनाने और एकांत को अपनाने की प्रक्रिया की शुरुआत है। समझने की बात यह है कि हम कैसे धीरे-धीरे मौन और एकांत से डरने के आदी हो जाते हैं, जबकि हमारी अंतरात्मा उसी की ओर आकृष्ट रहती है।

अकेले होने का भ्रम

"अकेलापन" और "एकांत" — ये दो शब्द कभी-कभी एक-दूसरे के स्थान पर उपयोग किए जाते हैं, लेकिन उनका वास्तविक अर्थ संदर्भ पर निर्भर करता है। जिस प्रकार हर अकेलापन एकांत नहीं होता, उसी प्रकार अकेले होना और एकांत में होना अलग-अलग अवस्थाएँ हैं। आइए इसके क्रम को समझते हैं:

- **निष्क्रिय अकेलापन:** यह ऐसा अकेला समय है जहाँ कोई नहीं है, फिर भी खुद से जुड़ने या व्यक्तिगत विकास का कोई इरादा नहीं है। इसमें बिना सोचे-समझे स्क्रॉल करना, अनावश्यक टीवी देखना, या बस समय बीतने का इंतज़ार करना शामिल हो सकता है। हालाँकि यह दूसरों की मांगों से राहत देता है, लेकिन यह शायद ही कभी आत्म-समझ में सुधार करता है। यदि यह अनुभव सुखद न हो, तो यह समय जल्द ही अकेलेपन में बदल सकता है। उदाहरण के लिए, पूरे शनिवार की दोपहर बिना किसी उद्देश्य के सोफे पर चैनल बदलते हुए बिताना — तरोताज़ा होने के बजाय बेचैन होना।

- **मजबूरन अलगाव/कैद:** यह एक अनचाहा अकेलापन है, जो बीमारी, यात्रा की पाबंदियों, या किसी दूर-दराज के इलाके में सहारे की कमी जैसी मजबूरियों के कारण पैदा होता है। ऐसा एकांत भावनात्मक और मनोवैज्ञानिक कल्याण के लिए हानिकारक हो सकता है, जिसके परिणा-मस्वरूप आमतौर पर सच्चा अकेलापन और नाखुशी होती

है। उदाहरण के लिए, एक ऐसे शारीरिक रूप से अशक्त बुजुर्ग की कल्पना करें, जो केवल अपने घर तक सिमट कर रह गया है और बाहरी दुनिया से पूरी तरह कट चुका है।

- **चुना हुआ एकांत:** यह वह एकांत है जहाँ स्वयं की मूल-भूत आवश्यकताओं को पूरा करने के लिए जान-बूझकर एकांतवास का चुनाव किया जाता है— विश्राम करना, सुस्ताना, या अपनी दिनचर्या के कार्यों में एकाग्र होना। यह समय बहुत सार्थक होता है, भले ही इसका उद्देश्य हमेशा कोई गहरा आत्म-मंथन न हो। उदाहरण के लिए, घर में किसी और के उठने से पहले शांति से बैठकर अपनी कॉफी का आनंद लेना, या अकेले वर्कआउट के लिए जाना।
- **सचेत एकांत:** इस पूरी पुस्तक का मूल संदेश यही है। यह बाहरी दुनिया से विचलित हुए बिना, अपने भीतर की दुनिया के साथ जान-बूझकर स्थापित किया गया जुड़ाव है। इसके अंतर्गत हमारे सक्रिय विचार, हमारी कल्पनाएँ और वर्तमान में हमारी सचेत उपस्थिति आती है, जो हमें गहरी अंतर्दृष्टि और आत्म-ज्ञान की ओर ले जाती है। इसे हम अपने व्यक्तिगत विकास, आंतरिक बदलाव और खुद को पहचानने के लिए चुनते हैं। जैसे— एक लेखक का अपनी किताब पर ध्यान केंद्रित करने के लिए किसी शांत जगह पर चले जाना, या किसी बड़े फैसले पर स्पष्टता हासिल करने के लिए सन्नाटे में ध्यान मग्न होना।

एकांत की इस विविधता को समझने से आपको यह पहचानने में मदद मिलती है कि आप वर्तमान में किस तरह का "अकेला समय" अनुभव कर रहे हैं। यह समझ आपको एकांत के

अधिक सार्थक और जीवन को समृद्ध करने वाले रूपों की दिशा में मार्गदर्शन करेगी।

भीतरी दुनिया की पुकार

तो, आप यह कैसे जानेंगे कि आप इस परिवर्तनकारी एकांत को अपनाने के लिए तैयार हैं? अक्सर, हमारे अंतर्मन की पुकार एक धीमी फुसफुसाहट से शुरू होती है, जो धीरे-धीरे एक ऐसी गहरी गूंज में बदल जाती है जिसे अनसुना करना असंभव हो जाता है। यदि आप नीचे दिए गए संकेतों को पढ़ते हुए गहरा जुड़ाव महसूस करते हैं, तो शायद यह आपके लिए खुद की ओर लौटने का समय है:

- **अत्यधिक बोझ महसूस करना:** विचारों की लगातार भीड़ (एक तरह का मानसिक ट्रैफिक जाम), निर्णय लेने की थकान, या बाहरी दुनिया की उम्मीदों और तनावों का अनवरत दबाव।
- **रचनात्मक ठहराव:** नए विचारों का सूख जाना, या अपनी ही रचनात्मकता और समस्याओं को सुलझाने की उस स्वाभाविक क्षमता से पूरी तरह कटा हुआ महसूस करना।
- **भावनात्मक थकान:** लोगों से मिलने-जुलने के बाद—यहाँ तक कि सुखद और सकारात्मक मुलाकातों के बाद भी—पूरी तरह निचुड़ा हुआ महसूस करना, या अपनी ही भावनाओं को संभालने के लिए संघर्ष करना।

- **उद्देश्यहीनता का अहसास**: जीवन में एक धीमा भटकाव; जहाँ वे चीज़ें जो कभी बहुत मायने रखती थीं, अब अचानक खोखली या महत्वहीन लगने लगी हैं।
- **कम होती आत्म-जागरूकता**: अपनी सच्ची इच्छाओं, जीवन-मूल्यों और अंतर्ज्ञान से दूर महसूस करना; जहाँ आप सोच-समझकर कदम उठाने के बजाय केवल मशीनी ढंग से परिस्थितियों पर प्रतिक्रिया दे रहे हैं।
- **लगातार बनी रहने वाली चिड़चिड़ाहट**: छोटी-छोटी बातों पर अत्यधिक और तीव्र प्रतिक्रिया देना, जो इस बात का संकेत है कि आपके भीतर की ऊर्जा और सहनशक्ति अब चुक गई है।
- **शांति की तीव्र आवश्यकता**: हर तरह के शोर, दबाव और तनाव से दूर भागकर, पूर्ण शांति और सन्नाटे को गले लगाने की एक तीव्र लालसा।

याद रखें, ये कोई कमियाँ नहीं हैं; ये आपके भीतर से आ रहे संदेश हैं, जो बता रहे हैं कि आपके बाहरी जीवन की रफ़्तार आपकी आंतरिक ऊर्जा से कहीं अधिक तेज़ हो गई है। ये भीतर की वह पुकार हैं, जो आपसे अपने अंतर्मन की ओर लौटने और सचेत एकांत के ज़रिए अपनी प्राण-ऊर्जा को पुनर्जीवित करने के लिए बुला रही है। इन्हें अनदेखा करना आपको मानसिक थकान, भावनात्मक बिखराव और एक डरावने खालीपन की ओर ले जाएगा। इसके विपरीत, इस पुकार को स्वीकार करना आपके भीतर एक गहरे रूपांतरण का बीज बो सकता है।

एकांत से रिश्ता नया करना

एकांत के इस शक्तिशाली रूप को अपनाने का अर्थ यह बिल्कुल नहीं है कि आप अचानक से किसी दूरस्थ आश्रम में चले जाएँ या दुनिया से कट जाएँ। बल्कि, इसकी शुरुआत आपके विचारों की दिशा और दैनिक जीवन में किए गए बहुत ही सूक्ष्म व सोचे-समझे बदलावों से होती है।

अपनी शब्दावली बदलें

- जानबूझकर “मैं अकेला हूँ” की जगह सचेत रूप से “मैं एकांत का चुनाव कर रहा हूँ” या “मैं खुद को समय दे रहा हूँ” का प्रयोग करें।
- इस गलतफहमी को दूर करें कि अकेले होने का मतलब अकेलापन या बिना किसी काम के बैठे रहना होता है।

एकांत के छोटे-छोटे पलों से शुरुआत करें

दिन में बस कुछ मिनटों के अभ्यास से शुरुआत करें। अपनी दिनचर्या में इस शांत समय को वापस लाने के कुछ सरल तरीके ये हो सकते हैं:

- अपने रोज़ के सफर के दौरान कार का रेडियो बंद रखना और विचारों को शांत होने देना।
- दिन का कम से कम एक समय का भोजन बिना फोन के, पूरी एकाग्रता के साथ करना।

- शाम के वक्त कुछ मिनटों के लिए खिड़की के पास शांति से बैठना।
- ईयरबड के बिना एक छोटी सैर करना।

यहाँ विचार कुछ करने पर केंद्रित नहीं है, बल्कि मात्र खुद के साथ होने पर है।

एकांत के अनुभवों की एक डायरी बनाएँ

एकांत के इन छोटे पलों के बाद आप जो कुछ भी सोचते, महसूस करते या देखते हैं, उसे लिख लें। यह आपकी प्रगति को ट्रैक करने और यह देखने का एक बेहतरीन तरीका है कि आपका मन एकांत पर कैसे प्रतिक्रिया दे रहा है।

एकांत को अपनाने की यह छोटी सी शुरुआत, चाहे वह कितनी भी छोटी क्यों न हो, आपके विचारों को नया रूप देना और आपकी भावनाओं को फिर से व्यवस्थित करना शुरू कर देगा। यह इस बात को करीब से देखने का एक प्यारा सा तरीका है कि शोर की कमी कोई खाली जगह नहीं है जिसका विरोध किया जाए, बल्कि यह तो नई संभावनाओं का एक खुला और हरा-भरा मैदान है।

2

भीतरी परिदृश्य

आज के इस समाज में जहाँ सिर्फ बाहरी दिखावे का जुनून है—कि कितने लोग हमें सुन रहे हैं, हम कितने व्यस्त हैं, और हम कितना शोर मचा सकते हैं—हमारे दिमाग के उस शांत हिस्से में चल रहे गहरे काम को अनदेखा करना बहुत आसान हो जाता है। जैसे शरीर को खुद की मरम्मत करने और नई ऊर्जा पाने के लिए आराम की ज़रूरत होती है, वैसे ही हमारे दिमाग को भी चीज़ों को समझने, यादों को सहेजने और नई कल्पनाओं को जन्म देने के लिए गहरे सुकून का समय चाहिए। यह अध्याय इसी उद्देश्यपूर्ण एकांत के पीछे छिपे विज्ञान और उसके गहरे मनोवैज्ञानिक लाभों को उजागर करता है।

एकांत में हमारा दिमाग

हमारा दिमाग एक बेहद जटिल और शानदार अंग है, जो लगातार नई जानकारियों, भावनाओं और अनुभवों को समझने व सहेजने में जुटा रहता है। हमेशा ऑनलाइन रहने वाली हमारी आज की दुनिया में, दिमाग यह सारा काम एक भारी मानसिक दबाव के तहत करता है। एकांत हमारे दिमाग को वह ज़रूरी मोहलत देता है, जिसकी उसे अपनी कार्यप्रणाली बदलने और उन गतिविधियों में शामिल होने के लिए ज़रूरत होती है, जो हमारे मानसिक स्वास्थ्य और आत्म-विकास की नींव हैं।

मस्तिष्क का आंतरिक विचारक

जब आप बाहरी दुनिया के कार्यों और ध्यान भटकाने वाले शोर से दूर होते हैं, तो आपका मस्तिष्क एक बेहद रहस्यमयी और महत्वपूर्ण तंत्र को सक्रिय करता है, जिसे विज्ञान की भाषा में डिफ़ॉल्ट मोड नेटवर्क (डीएमएन) कहा जाता है। जब हम "कुछ नहीं" कर रहे होते हैं, तब मस्तिष्क निष्क्रिय नहीं होता; बल्कि डीएमएन अत्यधिक सक्रिय हो जाता है। यह नेटवर्क हमारे भीतर चल रही उन अत्यंत आवश्यक प्रक्रियाओं का केंद्र है, जो निम्नलिखित के लिए ज़िम्मेदार हैं:

- **आत्म-मंथन और आत्म-विश्लेषण:** डीएमएन आपके अतीत, वर्तमान और भविष्य के तारों को आपस में जोड़ने का गहन कार्य करता है, जिससे आपको अपने वास्तविक

स्वरूप और अपनी पहचान को गहराई से समझने में मदद मिलती है।

- **यादों को सहेजना:** यादों को सुलझाने और उन्हें सुरक्षित रखने में डीएमएन की भूमिका सर्वोपरि है। यह रोज़मर्रा के अनुभवों को लंबी अवधि की यादों में बदलने में मदद करता है। यही कारण है कि मौन के पलों में कभी-कभी आपको बातें याद आ जाती हैं, जिन्हें आप पहले भूल गए थे।
- **भविष्य की योजना और लक्ष्य निर्धारण:** डीएमएन हमें मानसिक रूप से उन परिस्थितियों की कल्पना करने की शक्ति देता है जो अभी घटी नहीं हैं। इसके ज़रिए हम भविष्य की चुनौतियों का मानसिक पूर्वाभ्यास कर पाते हैं और उसी के अनुसार अपनी दिशा तय करते हैं।
- **सहानुभूति और मानवीय जुड़ाव:** यह एक दिलचस्प विरोधाभास है कि एकांत में सक्रिय होने वाला यह नेटवर्क हमें दूसरों को बेहतर ढंग से समझने में भी मदद करता है। यह हमें अपने सामाजिक व्यवहार पर विचार करने और स्वयं को दूसरों की जगह रखकर देखने की क्षमता देता है, जिससे हमारी सहानुभूति और रिश्तों की गहराई बढ़ती है।

लगातार बाहरी दुनिया और भटकावों में उलझे रहने के कारण, डीएमएन अपना काम ठीक से नहीं कर पाता। इसका सीधा अर्थ यह है कि हम अनजाने में अपनी सबसे महत्त्वपूर्ण आंत-रिक क्षमताओं से समझौता कर रहे हैं। सचेत एकांत डीएमएन को वह आवश्यक विस्तार और शांति प्रदान करता है, जहाँ वह खुलकर काम कर सके। इसी के परिणामस्वरूप हम खुद को अधिक गहराई से जान पाते हैं और जीवन के प्रति एक स्पष्ट दूरदृष्टि विकसित कर पाते हैं।

तनाव वाले हार्मोन को कम करना

हमारी भाग-दौड़ भरी आधुनिक जीवनशैली हमें अक्सर एक अदृश्य और अनजाने तनाव की स्थिति में रखती है। इसके कारण हमारे दिमाग का "लड़ो या भागो" वाली प्रतिक्रिया बार-बार सक्रिय हो जाता है। हमारे दिमाग का मुख्य अलार्म सिस्टम—एमिग्डाला—हमेशा चौकन्ना रहता है। लगातार बने रहने वाले इस तनाव के कारण शरीर में "कोर्टिसोल" हार्मोन का स्तर बढ़ जाता है, जो हमारी संज्ञानात्मक क्षमता (सोचने की ताकत) को कमज़ोर करता है, नींद खराब करता है, और हमारे शरीर व दिमाग दोनों पर बहुत बुरा असर डालता है।

लेकिन जब हम एकांत को चुनते हैं—खासकर प्रकृति के बीच रहकर या पूरे ध्यान के साथ—तो यह कोर्टिसोल के स्तर को तेज़ी से नीचे लाता है। शांत माहौल में दिमाग को लगातार बाहरी खतरों या लोगों की मांगों को खोजने की ज़रूरत नहीं होती। नतीजे के तौर पर, हमारा एमिग्डाला शांत हो जाता है। एमिग्डाला के शांत होते ही शरीर का तनाव पिघलने लगता है, और हमारे शरीर व दिमाग को आराम करने और ठीक होने का पूरा मौका मिल जाता है।

न्यूरोट्रांसमीटर्स का संतुलन

सचेत रूप से अपनाया गया मौन हमारे मस्तिष्क के प्रमुख रसायनों (न्यूरोट्रांसमीटर्स) के बीच खोए हुए संतुलन को फिर से स्थापित करने में अद्भुत भूमिका निभाता है।

- **डोपामीन**: बाहर की चीज़ें हमें थोड़े समय की खुशी देकर डोपामीन को तेज़ी से बढ़ा तो सकती हैं, लेकिन स्वेच्छा से चुना गया एकांत इस स्तर को स्थिर करता है। यह हमें हर पल बाहर से मिलने वाली उत्तेजना की तलाश करने से रोकता है और अंदरूनी सुखों के प्रति हमारे दिमाग को संवेदनशील बनाता है। इसी से हमें एक ठहराव भरी संतुष्टि मिलती है।
- **सेरोटोनिन**: अक्सर हमारे मनोदशा और भावनाओं को नियंत्रित करने वाले सेरोटोनिन के स्तर को विचारशील मौन की स्थितियों के माध्यम से बढ़ाया जा सकता है। एकांत एक ऐसा माहौल बनाता है जिसमें तंत्रिका तंत्र (नर्वस सिस्टम) पूरी तरह से आराम कर पाता है, जिससे सेरोटोनिन बेहतर तरीके से काम कर पाता है।
- **गाबा (गामा अमीनोब्यूटिरिक एसिड)**: यह मस्तिष्क को शांत करने वाला मुख्य रसायन है, जो तंत्रिका गतिविधि (न्यूरल एक्टिविटी) की अति-सक्रियता और अनावश्यक उत्तेजना को धीमा करने के लिए ज़िम्मेदार है। ध्यान और गहरा आराम गाबा के उत्पादन को तेज़ी से बढ़ता है, जिससे हमारी चिंताएँ कम होती है और एक गहरी शांति का अहसास होता है।

एक गहरी डुबकी

दिमाग के रसायनों में होने वाले इन मापे जा सकने वाले बदलावों के अलावा, एकांत गहरे मनोवैज्ञानिक विकास में

भी अहम भूमिका निभाता है। यह खुद को गहराई से देखने और समझने के लिए एक ऐसा बेहतरीन माहौल देता है, जिसे रोज़मर्रा की ज़िंदगी के शोर के बीच पाना बहुत मुश्किल है।

उच्च आत्म-चेतना और विचार

जब आप अकेले होते हैं, तो आप सीधे खुद से जुड़ते हैं। वहाँ छिपने के लिए कोई बाहरी चीज़ या बहाना नहीं होता, और ध्यान भटकाने के लिए कोई शोर नहीं होता। आपके दिल, दिमाग और भीतर की दुनिया का यह एकदम साफ और सच्चा अनुभव ही आत्म-जागरूकता की असली नींव है।

यहाँ से आप यह सब करना शुरू करते हैं:

- दुनिया की उम्मीदों से अलग हटकर, अपने सच्चे मूल्यों और प्राथमिकताओं को समझना।
- अपनी भावनाओं को उत्तेजित करने वाले कारकों को पहचानना और उन्हें बेहतर तरीके से संभालना सीखना।
- अपनी ताकतों, कमज़ोरियों और आगे बढ़ने के मौकों को ईमानदारी से स्वीकार करना।
- उन गहरी इच्छाओं, डरों और प्रेरणाओं को बाहर लाना जो रोज़ की भाग-दौड़ और ज़िम्मेदारियों के नीचे दब गई थीं।

खुद को इस गहराई से जानना ही आगे बढ़ने का रास्ता है। यह आपको अधिक वास्तविक बनने और ऐसे निर्णय लेने की अनुमति देता है जो आपके असली स्वरूप से मेल खाते हों।

बेहतर भावनात्मक नियंत्रण और लचीलापन

जब हम लगातार बाहरी दुनिया और सामाजिक उम्मीदों से घिरे होते हैं, तो यह कोई हैरानी की बात नहीं है कि हम स्थितियों पर बिना सोचे-समझे प्रतिक्रिया करते हैं। एकांत हमें एक ऐसी जगह देता है जहाँ हम बिना किसी दबाव के अपनी भावनाओं को समझ सकते हैं और उन्हें शांत कर सकते हैं।

एकांत में आप सीखते हैं:

- **भावनाओं को दूर से देखना:** गुस्से, उदासी या घबराहट से घिर जाने के बजाय, आप एक दर्शक की तरह देख पाते हैं कि ये भावनाएँ कैसे उठ रही हैं। आप समझ जाते हैं कि इनके पीछे का कारण क्या है और वे कितनी क्षणिक हैं।
- **भावनात्मक बुद्धिमत्ता को निखारना:** आप अपनी भावनाओं को जितना बेहतर जानेंगे, उतना ही बेहतर आप दूसरे लोगों की भावनाओं को समझ पाएंगे और उन पर संतुलित प्रतिक्रिया दे पाएंगे। इससे आप लोगों से अधिक सहानुभूति के साथ जुड़ पाएंगे।
- **आंतरिक शक्ति विकसित करना:** अपनी भावनाओं और विचारों के साथ वक़्त बिताना, चाहे वह कितना भी असहज क्यों न लगे, आपको मानसिक रूप से बहुत मज़बूत बनाता है। आप यह जान जाते हैं कि आप बिना टूटे भी गहरे दर्द को सँभाल सकते हैं, और यही बात आपको आत्मनिर्भर रहना सिखाती है।

आंतरिक शांति विकसित करना और घबराहट को कम करना

सामाजिक जुड़ाव और सूचनाओं का आदान-प्रदान एक तीव्र बेचैनी पैदा कर सकता है। एकांत एक संतुलन, एक ठहराव की जगह बनाता है। दुनिया की मांगों से जानबूझकर पीछे हटने से, आपके नर्वस सिस्टम को पूरी तरह से विश्राम पाने का अवसर मिलता है।

यह विचारशील मौन आपको यह सब करने का अवसर देता है:

- **सच्ची शांति को पोषित करने का:** यह वह शांति है जो आपके मन की पृष्ठभूमि में लगातार गूंजने वाली चिंता की धीमी आवाज़ों को पूरी तरह खामोश कर देती है।
- **सचेतनता को गहरा करने का:** यह आपको मानसिक भटकाव से निकालकर पूरी तरह से वर्तमान क्षण में मजबूती से स्थिर कर देता है।
- **एक अभेद्य आंतरिक सुरक्षा विकसित करने का:** यह एक ऐसी सुरक्षा है जो बाहरी परिस्थितियों पर निर्भर नहीं है। यह आंतरिक शांति आपके अंतर्मन का एक ऐसा सुरक्षित अभयारण्य बन जाती है, जहाँ आप जीवन की सबसे बड़ी उथल-पुथल और तूफानों के बीच भी, कभी भी शरण ले सकते हैं।

खुद पर भरोसा करने और व्यक्तिगत पहचान की गहरी समझ

सामाजिक भूमिकाओं और उम्मीदों के प्रतिबंधात्मक दायरों के बिना, आपको यह जानने की आज़ादी मिलती है कि आप असल में कौन हैं। समाज हमारी भूमिकाएं तय करता है—माता-पिता, कर्मचारी, दोस्त, भाई-बहन आदि। बेशक, ये भूमिकाएं महत्वपूर्ण हैं, लेकिन कभी-कभी ये हमारे असली स्वरूप के रास्ते में आ जाती हैं।

एकांत आपको इन बाहरी परतों को उतारने और अपने असली स्वरूप तक पहुँचने की अनुमति देता है, जहाँ आप खुद से ये सवाल पूछ सकते हैं:

- वह क्या है, जो मुझे भीतर से सच्ची खुशी देता है?
- मेरे वे कौन से जीवन-मूल्य और मान्यताएँ हैं, जिनसे मैं कभी समझौता नहीं कर सकता?
- जिन सपनों के पीछे मैं भाग रहा हूँ, क्या वे वाक़ई मेरे अपने हैं?
- यदि इस दुनिया में कोई मुझे देखने या आँकने वाला न हो, तो मेरा वास्तविक स्वरूप क्या होगा?

इस गहरे आत्म-मंथन के माध्यम से, आप अपनी पहचान की एक ऐसी अविचल नींव तैयार करते हैं, जो आपको जीवन के हर क्षेत्र में अधिक आत्मविश्वासी, स्पष्ट और प्रामाणिक रूप से जीने की शक्ति देती है।

अपने मस्तिष्क को नई धार देना

केवल भावनात्मक संतुलन और अपनी पहचान को निखारने से परे, एकांत आपके मस्तिष्क को भी एक अभूतपूर्व तीक्ष्णता (धार) प्रदान करता है। यह आपको एक बेहतर विचारक, समस्याओं को आसानी से सुलझाने वाला और चीज़ों को जल्दी सीखने वाला इंसान बनाता है।

बेहतर एकाग्रता: इंटरनेट के इस युग में हमारी एकाग्रता कमज़ोर हो गई है। मल्टीटास्किंग और हर पल बजने वाले नोटिफिकेशन्स हमारी एकाग्रता को तोड़ देते हैं। एकांत असल में हमारे थके हुए दिमाग के लिए एक डिटॉक्स है, जहाँ हमारी थकी हुई एकाग्रता फिर से ऊर्जावान होती है। जब बाहर से कोई दबाव या शोर नहीं होता, तो आप अपने दिमाग को किसी एक काम या विचार पर पूरी तरह से टिके रहने के लिए प्रशिक्षित कर सकते हैं। नतीजतन, जब आप वापस दुनिया के कामों में लौटते हैं, तो आपकी ध्यान केंद्रित करने की क्षमता बढ़ जाती है। अपने काम में महारत हासिल करने के लिए यह बहुत ज़रूरी है।

समस्या-समाधान की बेहतर क्षमता: जब भी किसी जटिल समस्या का सामना होता है, तो हमारी पहली स्वाभाविक प्रवृत्ति बाहर से सलाह लेने या उस समस्या से ही मुँह मोड़ने की होती है। लेकिन, ज़्यादातर समय, बेहतरीन समाधान आत्म-निरीक्षण से ही आते हैं। एकांत हमें वह आवश्यक मानसिक स्वतंत्रता देता है जो निम्नलिखित के लिए ज़रूरी है:

- **अवचेतन में परिपक्वन:** आपके अवचेतन मन को पृष्ठ-भूमि में शांत रहकर उलझी हुई समस्याओं को सुलझाने का अवसर देता है।
- **कड़ियों को जोड़ना:** अत्यधिक तार्किक सोच और बाहरी दबाव के बिना, आपका मस्तिष्क स्वतंत्र रूप से विचारों के बीच नए संबंध बना पाता है और सटीक समाधान ढूँढ निकालता है।
- **गहरा विश्लेषण:** बाहरी दबाव के बिना, समस्याओं का निष्पक्ष रूप से विश्लेषण करना और उनके हर संभव समाधान पर विचार करना आसान हो जाता है।

यादों को बेहतर ढंग से सहेजना: जैसा कि मस्तिष्क के डीएमएन के संदर्भ में चर्चा की गई थी, छोटी अवधि की यादों को स्थायी समझ में सहेजने के लिए शांत चिंतन महत्वपूर्ण है। हमारा दिमाग कोई वीडियो रिकॉर्डर नहीं है जो बस चीज़ें भरता जाए। इसे चीज़ों को प्रोसेस करने, छांटने और मज़बूत करने के लिए समय चाहिए। बिना रुके बस काम करते रहने से ज़रूरी बातें पीछे छूट जाती हैं, और हमें लगता है कि हमारा दिमाग थक गया है या चीज़ें भूल रहा है। अकेले बिताया गया समय हमारे दिमाग को अपनी यादों को सहेजने का वह ज़रूरी मौका देता है।

फायदों को विकसित करना

इन अद्भुत फायदों को महसूस करने के लिए आपको रातों-रात कोई संन्यासी बनने की ज़रूरत नहीं है। बस अपनी दिनचर्या

में कुछ छोटे-छोटे और जान-बूझकर किए गए बदलावों का संकल्प लें:

"मेंटल डिटॉक्स" मिनट

1-2 मिनट का टाइमर लगाएँ। शांत बैठें। हो सके तो अपनी आँखें बंद कर लें। बिना किसी निर्णय या टिप्पणी के अपने विचारों को आते-जाते देखें। उन्हें रोकने या दूर धकेलने का प्रयास न करें; बस एक शांत दर्शक की तरह उन पर ध्यान दें। जब आपका ध्यान भटके, तो उसे धीरे से वापस अपनी साँसों या अपने बैठने के एहसास पर ले आएँ।

यहाँ आपका उद्देश्य आपके ध्यान को भीतर की ओर मोड़ना है, ताकि आपके दिमाग के डीएमएन को चालू होने और काम करने के लिए ज़रूरी जगह मिल सके।

सचेत ठहराव

जब आप एक गतिविधि से दूसरी गतिविधि पर जाएँ (जैसे, काम खत्म करना, घर आना, कोई नया काम शुरू करना), तो बीच में 30 सेकंड से 1 मिनट का सचेत ठहराव लें। अपना फोन नीचे रख दें। अपना लैपटॉप बंद कर दें। कुछ गहरी और सुकून भरी साँसें लें। खुद से पूछें: "इस समय मुझे किस चीज़ की ज़रूरत है?" या "इस अगले काम के साथ मेरा इरादा क्या है?"

यहाँ उद्देश्य लगातार प्रतिक्रिया देने की आदत को तोड़ना और अर्थपूर्ण बदलाव लाना है, जिससे आपके दिमाग को कई

छोटे-छोटे ठहराव मिल सकें। इन सरल, मिनट-दर-मिनट के अनुशासनों को अपनी रोज़मर्रा की ज़िंदगी में शामिल करके, आप अपने दिमाग और मन को फिर से जोड़ना शुरू करते हैं, जो आपके भीतरी परिदृश्य में एक बड़े बदलाव की नींव रखता है। याद रखें, मौन खाली नहीं है; यह संभावनाओं से भरा है जो आपके द्वारा खोजे जाने का इंतज़ार कर रही हैं।

3

अपना सुकून का आश्रय तैयार करना

आप भी इस बात से सहमत होंगे कि अच्छी मिट्टी, धूप और पानी के बिना कोई भी बीज एक बड़ा और घना पेड़ नहीं बन सकता। इसी तरह, सही माहौल बनाए बिना आप एक अर्थपूर्ण और शांतिपूर्ण एकांत का अनुभव नहीं कर सकते। एकांत का मतलब दुनिया से छिपना या भागना नहीं है; बल्कि जान-बूझकर अपने लिए एक ऐसी जगह और ऐसा वक़्त तैयार करना है, जहाँ आपके भीतर की दुनिया पूरी तरह से खुल सके।

यह अध्याय आपको अपना "एकांत का ठिकाना" तैयार करने के सबसे अहम तरीकों के बारे में बताएगा। यह एक ऐसी जगह और मानसिकता बनाने के बारे में है, जो आपके गहरे

आत्म-निरीक्षण, स्पष्ट जागरूकता और व्यक्तिगत विकास के लिए पूरी तरह से अनुकूल हो।

संकल्प की शक्ति

महज़ अकेलेपन को एक गहरे और अर्थपूर्ण एकांत में बदलने वाला सबसे प्रमुख तत्व है—आपका "सचेत संकल्प"। इसके बिना, आपका एकांत बहुत जल्दी एक निष्क्रिय भटकाव, बेचैन करने वाली ऊब, या वापस उसी चुभने वाले अकेलेपन में बदल सकता है। आपका यह संकल्प आपके लिए एक ध्रुव तारे की भाँति कार्य करता है, जो स्वयं के साथ बिताए गए आपके समय को एक उद्देश्यपूर्ण और आत्मा को पोषण देने वाली दिशा में ले जाता है।

इस अंतर को समझें:

- **उद्देश्यहीन अलगाव:** यह वह अवस्था है जहाँ आप शायद अपने फोन पर अर्थहीन स्वाइप कर रहे हों, बिना मन के टीवी देख रहे हों, या खुद को बेचैन और दिशाहीन महसूस कर रहे हों। ये पल, भले ही आपको बाहरी ज़िम्मेदारियों से मुक्त कर दें, लेकिन ये न तो आपको सच्ची संतुष्टि देते हैं और न ही नई ऊर्जा। क्योंकि इनके पीछे कोई स्पष्ट उद्देश्य नहीं होता।
- **सचेत वापसी:** यहाँ आप पूरी जागरूकता के साथ यह चुनते हैं कि आपको इस समय का कैसे उपयोग करना है। उदाहरण के लिए, "अगले एक घंटे तक, मैं पढ़ने,

डायरी लिखने, ध्यान करने, किसी उलझन को सुलझाने, या केवल बस शांति से बैठने के लिए अकेला रहूँगा।" यहाँ आपके पास एक स्पष्ट उद्देश्य होता है, और यही बात पूरे अनुभव को बदल कर रख देती है। आपका मन पूरी तरह एकाग्र होता है, भले ही वह एकाग्रता पूर्ण रूप से शांत रहने पर ही क्यों न केंद्रित हो।

स्पष्ट इरादे तय करना

जब आप एकांत के समय में प्रवेश करते हैं, भले ही थोड़ी देर के लिए ही सही, तो निम्नलिखित बातों पर विचार करें:

"इस समय में मैं क्या हासिल करने की उम्मीद कर रहा हूँ?" आपका इरादा कोई बहुत बड़ा या महान होना ज़रूरी नहीं है; बस इसका स्पष्ट होना ज़रूरी है। इसके कुछ उदाहरण ये हो सकते हैं:

- "मेरा इरादा आराम करने और अपने विचारों को आज़ादी से बहने देने का है।"
- "मेरा इरादा उस चुनाव को लेकर स्पष्टता पाने का है जो मुझे करना है।"
- "मेरा इरादा अपने रचनात्मक दिमाग से जुड़ने और विचारों को प्रवाहित होने देने का है।"
- "मुझे कल की उस निराशाजनक बातचीत को अपने दिमाग में सुलझाना है।"
- "मेरा इरादा बस इस खामोशी को सुनने और खुद से जुड़ने का है।"

अपना संकल्प तय करने की यह सरल सी प्रक्रिया आपकी मानसिकता को पूरी तरह से बदल देती है। यह आपको एक "निष्क्रिय दर्शक" से निकालकर अपनी ही भीतरी दुनिया का एक "सक्रिय भागीदार" बना देती है। यह आपके मस्तिष्क को किसी विशेष समाधान को खोजने, या महज़ वर्तमान क्षण में अधिक गहराई से उतरने की एक स्पष्ट दिशा दे देती है।

अपना व्यक्तिगत एकांत स्थान निर्मित करना

यह सच है कि एकांत आपके मन की एक अवस्था है जो आपके अंदर ही मौजूद है, फिर भी आपका बाहरी माहौल उस शांति तक पहुँचने में बहुत बड़ी भूमिका निभाता है। इसके लिए आपको किसी बड़े घर या किसी सुनसान केबिन की ज़रूरत नहीं है; आपको बस एक ऐसी जगह चाहिए जहाँ भटकाव कम से कम हों और जो शांति का स्वागत करे। आपका यह ''सुकून का ठिकाना" कोई अलग कमरा, एक शांत कोना, आपकी रोज़ की एक तय कुर्सी, या सोच-समझकर चुना गया कोई प्राकृतिक माहौल हो सकता है।

आइए उन मुख्य पहलुओं पर गहराई से विचार करते हैं, जो एक आदर्श एकांत स्थान का निर्माण करते हैं:

शांति की प्राथमिकता

- **बाहरी कोलाहल को न्यूनतम करना:** यह आपकी सबसे पहली प्राथमिकता होनी चाहिए। जहाँ तक संभव हो,

एकांत के लिए एक ऐसा स्थान और समय चुनें जब बाहरी दुनिया का शोर सबसे कम हो।

- **सौम्य और एकरस ध्वनियाँ:** अभ्यास के शुरुआती दिनों में, पूर्ण सन्नाटा कभी-कभी बेचैन करने वाला या असहज लग सकता है। ऐसे में कुछ हल्की ध्वनियाँ (जैसे—पंखे की धीमी आवाज़, बारिश की रिमझिम, या बिना शब्दों वाला कोई शांत संगीत) आपको गहरे विश्राम में उतरने में मदद कर सकती हैं। इनका एकमात्र उद्देश्य आपके मस्तिष्क को अचानक मिलने वाले सन्नाटे के झटके से बचाना और मानसिक बोझ को कम करना है।

आँखों को सुकून

- **बिखराव को साफ करें:** आस-पास फैली हुई अव्यवस्थित चीज़ें अक्सर एक अव्यवस्थित दिमाग को दर्शाता है। एकांत में जाने से पहले अपनी चुनी हुई जगह को साफ और व्यवस्थित करने के लिए थोड़ा समय ज़रूर निकालें। आँखों को खटकने वाली या आपको तनाव देने वाली हर चीज़ को वहाँ से हटा दें।
- **सादगी:** अपने एकांत स्थान को जितना हो सके, सादा रखें। बहुत कम और सुलझी हुई सजावट, साफ-सुथरी जगह और हल्के रंग आपके मन में एक गहरी शांति और खुलेपन का अहसास जगा सकते हैं।

रोशनी

- **प्राकृतिक रोशनी:** जब भी संभव हो, एकांत के लिए एक ऐसा स्थान चुनें जहाँ सूर्य का प्राकृतिक प्रकाश छनकर आता हो। यह विज्ञान द्वारा सिद्ध है कि धूप हमारे मनोदशा को तुरंत उल्लास से भर देती है, हमारी नींद के प्राकृतिक चक्र को संतुलित रखती है और हमें भीतर से स्वस्थ महसूस कराने में भी मदद करती है।
- **हल्की और सुकून देने वाली रोशनी:** अगर प्राकृतिक रोशनी न हो, तो आँखों में चुभने वाली रोशनी के बजाय बहुत ही हल्की और सुकून देने वाली रोशनी का इस्तेमाल करें, जो आपके मन को विश्राम की अवस्था में जाने का संकेत दे।

शारीरिक सहजता

- **आरामदायक बैठक:** ज़मीन पर कुशन रखकर, अपनी आर्मचेयर पर, या पार्क की बेंच का चुनाव करें। सुनिश्चित करें कि आपके बैठने की जगह ऐसी हो जहाँ आपका शरीर आरामदायक महसूस करे, लेकिन इतनी भी आरामदायक न हो कि आपको नींद आने लगे।
- **शारीरिक परेशानी कम करें:** ऐसे आरामदायक और ढीले कपड़े पहनें ताकि शरीर की किसी उलझन की वजह से आपका ध्यान न भटके।

अपनी इंद्रियों को शांत करना

- **खुशबू:** एक शांतिपूर्ण और शांत करने वाली सुगंध या प्राकृतिक महक आपके मन को तुरंत एक गहरे और शांतिपूर्ण ठहराव में ले जा सकती है।
- **प्रकृति के तत्व:** कमरे में रखा एक छोटा सा पौधा, मेज़ पर सजे ताज़े फूल, या महज़ बाहर की ओर खुलती हुई एक खिड़की भी आपको घर के अंदर बैठे हुए भी कुदरत की शांति से जोड़ सकता है।

आपके "सुकून के ठिकाने" की चेकलिस्ट

खुद से पूछे:

- "क्या यह जगह मेरे लिए पर्याप्त शांत है?"
- "क्या यह साफ-सुथरी और आँखों को भटकाने वाली चीज़ों से मुक्त है?"
- "क्या यहाँ की रोशनी शांति और चिंतन के लिए आरामदायक है?"
- "क्या मैं यहाँ बैठकर शारीरिक रूप से आरामदायक महसूस कर रहा हूँ?"
- "क्या मैंने किसी हल्की, शांत करने वाली खुशबू या प्राकृतिक तत्व को शामिल किया है?"

याद रखें कि सबसे अच्छी जगह वह है जिसे आप नियमित रूप से इस्तेमाल कर सकें। यह आपका बेडरूम हो सकता है,

आपके लिविंग रूम का सोफा हो सकता है, या लंच ब्रेक में पार्क की कोई बेंच। सबसे महत्त्वपूर्ण बात यह है कि आप उस जगह को जितना संभव हो उतना उद्देश्यपूर्ण और रुकावटों से मुक्त बनाया जाए।

डिजिटल डिटॉक्स

अपने एकांत के इस ठिकाने को तैयार करते समय, जिस सबसे अहम चीज़ से हमें निपटना है, वह है हमारे चारों तरफ मौजूद डिजिटल तकनीक। आज के समय में हमारे फोन और गैजेट्स ही एकांत के सबसे बड़े दुश्मन हैं। लगातार आने वाले नोटिफिकेशन्स की गूंज, सोशल मीडिया पर बिना सोचे-समझे स्क्रॉल करना, और बार-बार ईमेल चेक करने की आदत—ये सिर्फ हमारा ध्यान ही नहीं भटकाते, बल्कि ये वो शक्तिशाली खिंचाव हैं जो हमारे ध्यान को तोड़ते हैं और खुद से गहराई से जुड़ने के हमारे मौकों को खत्म कर देते हैं। डिजिटल डिटॉक्स का मतलब यह नहीं है कि आप ज़िंदगी भर के लिए तकनीक को पूरी तरह छोड़ दें; इसका असली मतलब खुद पर वापस नियंत्रण पाने और स्वस्थ सीमाएं स्थापित करने के बारे में है।

डिजिटल डिटॉक्स पर समझौता क्यों नहीं किया जा सकता

- **मानसिक अव्यवस्था:** फोन पर आने वाला हर एक नया नोटिफिकेशन आपके दिमाग पर एक नया बोझ डालता है और विचारों की भीड़ को बढ़ाता है।

- **बाहरी झुकाव:** स्क्रीन्स और ऐप्स लगातार आपका ध्यान बाहरी दुनिया की तरफ खींचते हैं, जिससे आप अपने खुद के अंदरूनी अनुभवों से दूर होने लगते हैं।
- **एकाग्रता में रुकावट:** आप किसी काम या सोच में कितनी भी गहराई से क्यों न डूबे हों, फोन की महज़ एक छोटी सी आवाज़ से एकाग्रता या रचनात्मक प्रक्रियाएँ आसानी से बाधित हो जाती हैं।
- **फोमो का बढ़ना:** दूसरों की गतिविधियों को देखने से कुछ छूट जाने का डर पैदा हो सकता है, जो एकांत के प्रति आपकी प्रतिबद्धता को कमज़ोर करता है।

आपका डिजिटल डिटॉक्स ब्लूप्रिंट

"नो-फोन ज़ोन" और "नो-स्क्रीन टाइम" तय करें:

- **बेडरूम:** अपने बेडरूम को फोन-मुक्त क्षेत्र बनाएं, खासकर रात में। यह सरल अभ्यास देर रात तक स्वाइप करने और सुबह जल्दी उठकर स्क्रॉल करने की आदत को तोड़ता है। आप एक पारंपरिक अलार्म घड़ी का उपयोग कर सकते हैं।
- **भोजन:** दिन में कम से कम एक बार बिना स्क्रीन के भोजन करें।
- **एकांत के सत्र:** एकांत के लिए तय किए गए पलों में किसी भी प्रकार के फोन, टैबलेट, स्मार्टवॉच या कंप्यूटर का प्रवेश पूरी तरह से वर्जित होना चाहिए।

नोटिफिकेशन बंद करें: फोन को सिर्फ साइलेंट मोड पर रखना ही काफी नहीं है। अपने फोन की सेटिंग्स में जाएँ और अपने ज़्यादातर ऐप्स, खासकर कम उपयोगी ऐप्स के नोटिफिकेशन डिसेबल कर दें। यह तय करने का हक पूरी तरह से आपके पास होना चाहिए कि आप कब किस ऐप को देखना चाहते हैं।

एयरप्लेन मोड या "डू नॉट डिस्टर्ब (DND)" का उपयोग करें: जब आप थोड़े समय के लिए एकांत में बैठें, अपने फोन को एयरप्लेन मोड पर रखें। अगर आपका एकांत का समय लंबा है, तो "डू नॉट डिस्टर्ब" फीचर चालू करें (जिसमें आप चाहें तो सिर्फ इमरजेंसी कॉल्स को अनुमति दे सकते हैं)। यह आपके समय को बाहरी दखलअंदाज़ी से बचाता है।

डिवाइस को पहुँच से बाहर रखें:

- कहा जाता है कि जो नज़रों से दूर है, वह मन से भी दूर हो जाता है। अपने फोन को किसी दराज में, घर के किसी दूसरे हिस्से में, या संभव हो तो घर की किसी दूसरी मंजिल पर रख दें। जब फोन पास नहीं होगा, तो उसे उठाने के लिए आपको अपनी जगह से उठकर जाना पड़ेगा, और बस यही छोटी सी शारीरिक रुकावट फोन की लत वाले चक्र को तोड़ने के लिए काफी है।
- जहाँ तक संभव हो, अपने इलेक्ट्रॉनिक उपकरणों को बेडरूम के अलावा कहीं और चार्ज करें।

एनालॉग टूल्स का उपयोग करें: कागज़ के टुकड़े या नोटबुक में पेन से कुछ उपयोगी लिखें।

डिजिटल डिटॉक्स शुरू करने पर जो शुरुआती बेचैनी या अजीब सा खालीपन महसूस होता है, वह दरअसल इस बात का पैमाना है कि स्क्रीन के इस्तेमाल ने आपके दिमाग को कितनी बुरी तरह जकड़ रखा है।

सीमाएं तय करना

भले ही आपने अपने लिए सुकून की एक बेहतरीन जगह ढूँढ ली हो और फोन से दूरी बनाने का आपका संकल्प भी पक्का हो, लेकिन आपका यह एकांत बहुत आसानी से टूट सकता है अगर दूसरे लोग आपके अकेले रहने की इस ज़रूरत को न समझें। अपने समय और अपनी शांति के लिए स्पष्ट सीमाएँ बनाना खुद से प्यार करने का एक तरीका है, इसे स्वार्थ समझने की भूल कभी न करें।

सीमाएं तय करना मुश्किल क्यों लगता है

असभ्य या रूखा दिखने का भय: हमारे भीतर यह गहरा डर बैठा होता है कि कहीं एकांत की इस आवश्यकता को हमारा रूखापन, अहंकार या असभ्यता न मान लिया जाए।

अपराधबोध: विशेषकर उन लोगों के लिए जिन पर दूसरों की देखभाल का ज़िम्मा है या जो काम के बोझ तले दबे हैं, केवल अपने लिए समय निकालना अक्सर एक प्रकार की लापरवाही या स्वार्थ जैसा महसूस होता है।

अपर्याप्त अभ्यास: हम में से अधिकांश लोगों को जीवन में कभी यह सिखाया ही नहीं गया कि अपने लिए आवश्यक निजी समय की माँग को बिना किसी टकराव के, सम्मानपूर्वक कैसे व्यक्त किया जाए।

उपलब्ध रहने की सामाजिक उम्मीद: हमारे आस-पास के समाज ने यह मान लिया है कि हम हर समय उपलब्ध रहेंगे, और इस उम्मीद को तोड़ना बहुत मुश्किल लगता है।

प्रभावी ढंग से "ना" कैसे कहें

सीधे और स्पष्ट रहें, लेकिन विनम्रता के साथ।

अपनी बात सीधे रखने के कुछ उदाहरण:

- "मुझे अगले एक घंटे के लिए कुछ शांति का समय चाहिए। मैं पढ़ाई करूँगा।"
- "मैं अपने दिमाग को शांत करने के लिए थोड़ी देर अकेले टहलने जा रहा हूँ। मैं 30 मिनट में वापस आ जाऊँगा।"
- "ध्यान केंद्रित करने के लिए मैं आज अपना फोन नहीं उठाऊँगा। मैं आपसे बाद में संपर्क करूँगा।"

संक्षेप में समझाएं: केवल "मुझे परेशान मत करो" कहने के बजाय, सामने वाले को थोड़ा और बताएं। उदाहरण के लिए:

- "मैं खुद को तरोताज़ा करने के लिए थोड़ा समय निकाल रहा हूँ, ताकि बाद में आपके साथ अधिक धैर्यवान रह सकूँ।"

- "शांत समय मुझे स्पष्ट रूप से सोचने में मदद करता है, और इससे मेरे लेखन में और अधिक निखार आ सकेगा।"
- "जब तक कोई आपात स्थिति न हो, कृपया मेरे शांत समय में दखल न दें।"
- "मैं अगले दिन उपलब्ध नहीं रहूँगा।"
- "मुझे आपके साथ समय बिताना बहुत पसंद है, मैं यह समय अपने लिए निकाल रहा हूँ ताकि जब हम साथ समय बिताएं तो मैं अपना सर्वश्रेष्ठ दे सकूँ।"

अपनी सीमाएँ तय करने की शुरुआत छोटे स्तर से करें। जैसे-जैसे हर कोई (और आप भी) इसके अभ्यस्त होंगे, आप समय बढ़ा सकते हैं। अगर कोई शुरुआत में इसका विरोध करे, तो उसे प्यार से लेकिन मज़बूती से संभालें। जब कोई बार-बार आपकी सीमाओं को लांघने की कोशिश करे, तो बिना गुस्सा किए अपनी ज़रूरत को फिर से साफ़ शब्दों में कहें। उदाहरण के लिए: "मुझे पता है कि यह आपके लिए मुश्किल है, लेकिन मुझे अभी इस समय की बहुत ज़रूरत है। हम थोड़ी देर बाद इस बारे में आराम से बात कर सकते हैं।"

एकांत के लिए समय प्रबंधन

जिस तरह आप अपनी ज़रूरी मीटिंग्स या अपॉइंटमेंट्स के लिए समय तय करते हैं, ठीक वैसे ही आपको अपने अकेले समय की भी व्यवस्था करनी होगी। अगर आप इस इंतज़ार में बैठे रहेंगे कि दिन की आपाधापी के बीच एकांत किसी

जादुई तरीके से खुद ही आपके पास चला आएगा, तो यकीन मानिए, वह अवसर कभी नहीं आएगा।

अपने एकांत को शेड्यूल करें

अपने दैनिक कैलेंडर में एकांत के लिए एक स्पष्ट और सु-निश्चित समय तय करें। खुद के साथ तय की गई इन मुलाकातों को पूरी गंभीरता और सम्मान के साथ लें।

अवधि तय करें: यह 15 मिनट, आधा घंटा, एक घंटा या आधा दिन हो सकता है। निरंतरता हमेशा लंबाई से ज़्यादा ज़रूरी होती है।

सुबह के एकांत की ताकत

अपने घर में किसी और के उठने से महज़ 15-30 मिनट पहले उठना आपको बिना किसी रुकावट के एकांत का एक अविश्वसनीय रूप से शक्तिशाली समय दे सकता है। यह आपके पूरे दिन के लिए एक शांत और उद्देश्यपूर्ण नींव तैयार करती है।

इस समय का उपयोग डायरी लिखने, ध्यान करने, शांति से पढ़ने, या बस चुपचाप बैठने के लिए करें।

दिन के दौरान सूक्ष्म-एकांत

सफर: गाड़ी चलाते समय रेडियो या पॉडकास्ट बंद कर दें, या पब्लिक ट्रांसपोर्ट में सफर करते समय अपना फोन बैग में

ही रहने दें। यात्रा के इस समय को बाहरी आवाज़ों से मुक्त रखें।

लंच ब्रेक: यदि संभव हो तो अपने कार्यक्षेत्र से दूर हट जाएं। एक शांत जगह पर अकेले, बिना किसी भटकाव के खाना खाएं।

टहलना: कानों में बिना हेडफोन लगाए कुछ देर टहलें और अपने आस-पास की दुनिया को महसूस करें।

कार्यों के बीच का अंतराल: एक काम खत्म करने और दूसरा शुरू करने के बीच, दिमाग को तरोताज़ा करने के लिए कुछ मिनटों का विराम लें।

लंबे एकांतवास की योजना(जब भी संभव हो)

अकेले कुछ गहरा और गुणवत्तापूर्ण समय बिताने के लिए कभी-कभी आधा दिन, एक पूरा दिन, या पूरा वीकेंड निकालें। यह किसी दूर-दराज़ के प्राकृतिक स्थल की यात्रा हो सकती है, घर पर ही एक "स्टेकेशन" हो सकता है जहाँ आप जानबूझकर डिजिटल दुनिया से कट जाते हैं, या किसी शांत "रिट्रीट सेंटर" में कुछ दिन बिताना हो सकता है। समय के ये बड़े अंतराल आपको अधिक गहराई से आत्म-मंथन करने और खुद को भीतर से तरोताज़ा करने का अवसर देते हैं।

"समय नहीं है" के भ्रम को तोड़ना

हम सभी सोचते हैं कि हम बहुत व्यस्त हैं। हालाँकि, वास्तविकता यह है कि हम उसे प्राथमिकता देते हैं जो महत्वपूर्ण

है। यदि आप मानते हैं कि एकांत ही एक संतुलित जीवन की कुंजी है (यदि आप अभी तक नहीं मानते हैं, तो शायद आपको मानना चाहिए), तो यह आपके लिए एक अनिवार्य आवश्यकता बन जाएगा। सच तो यह है कि एकांत में बिताए गए कुछ पल आपको इतना अधिक केंद्रित और स्पष्ट बना देते हैं कि जब आप वापस अपनी बाहरी दुनिया में लौटते हैं, तो आपकी उत्पादकता और प्रदर्शन कहीं अधिक निखर जाते हैं।

4

एकांतप्रिय मन को विकसित करना

आपने पूरी तैयारी कर ली है—अपना कमरा व्यवस्थित कर लिया है, उपकरणों को पहुँच से दूर रख दिया है, और अपने समय को नियोजित कर लिया है। आप अपने तय स्थान पर बैठ जाते हैं, खामोशी के उस बहुप्रतीक्षित सुकून को महसूस करने के लिए तैयार हैं। फिर अचानक, वह खामोशी खोखली लगने लगती है। आपका मन, जिसे हर पल किसी न किसी बाहरी उत्तेजना की आदत पड़ चुकी है, अब छटपटाने लगता है। चिंता से भरे विचार रेंगते हुए आपके भीतर प्रवेश करते हैं। बोरियत एक तेज़ लहर की तरह आपको बहा ले जाने की कोशिश करती है। शायद आपको बस एक पल के लिए अपना फोन चेक करने की तीव्र लालसा भी महसूस हो।

आपको जो बेचैनी महसूस हो रही है, वह आपकी विफलता नहीं है; यह उस एकांत की शक्ति तक पहुँचने के रास्ते का एक हिस्सा है। इसे अपने दिमाग का डिटॉक्स मानें। जब बाहर का शोर-शराबा हटा दिया जाता है, तो अंदर का वह शोर जो हमेशा पर्दे के पीछे छिपा रहता था, जो दबा हुआ था लेकिन मौजूद था, वह अब गड़गड़ाने लगता है। एकांतप्रिय मन बनाने का मतलब एक ही पल में पूरी तरह से सुन्न या शांत हो जाना नहीं है, बल्कि यह अपने अंदर चल रही इस बातचीत को देखने, समझने और बिना उलझे उससे आगे बढ़ जाने के बारे में है।

आंतरिक आलोचक और शुरुआती असहजता

जैसे-जैसे बाहरी दुनिया शांत होती है, आपकी भीतरी दुनिया अक्सर दहाड़ने लगती है। यह अनुभव चौंकाने वाला और यहाँ तक कि विचलित करने वाला भी हो सकता है। इस मौन में आमतौर पर सतह पर क्या उभर कर आता है?

आंतरिक आलोचक: यह आपके ही भीतर की वह कठोर आवाज़ है जो आपकी काबलियत पर शक करती है,अतीत की गलतियों को कुरेदती है, या भविष्य की विफलताओं की डरावनी तस्वीर पेश करती है। एकांत में इसका शोर इसलिए तेज़ हो जाता है, क्योंकि अब इसे दबाने या अनसुना करने के लिए बाहर कोई और माध्यम नहीं बचा है।

अधूरे विचार और भावनाएं: रोज़मर्रा की व्यस्त ज़िंदगी में में, हमारे पास अक्सर अपनी गहरी भावनाओं को महसूस करने या उन्हें सुलझाने का समय नहीं होता। एकांत में, वे सभी दबी हुई भावनाएँ (डर, गुस्सा, दुख या नुकसान) अचानक सतह पर आ जाती हैं। अधूरी स्मृतियाँ, अनकही बातें और लगातार बनी रहने वाली चिंताएँ व्यक्त होने के लिए तड़प उठती हैं।

उदासी और बेचैनी: हम निरंतर बाहरी उत्तेजनाओं और मनोरंजन के इतने अभ्यस्त हो गए हैं कि बस यूं ही बैठना किसी सज़ा जैसा महसूस होता है। जब दिमाग को कुछ नया नहीं मिलता, तो वह बड़बड़ाने लगता है और खुद को उलझाए रखने के लिए किसी भी भटकाव की तीव्र लालसा करता है।

शारीरिक असहजता: आपको अचानक शरीर में कहीं खुजली, पीठ में अकारण खिंचाव, या मांसपेशियों में छिपे हुए तनाव का बहुत तीव्र अहसास हो सकता है। यह अक्सर आपके मन का ही वह तरीका होता है, जो बेचैनी पैदा करके आपको आपके एकांत के उद्देश्य से भटकाने का प्रयास करता है।

असहजता को सामान्य बनाना

यह समझना अत्यंत आवश्यक है कि एकांत के शुरुआती क्षणों में होने वाली यह बेचैनी या असहजता इस बात का संकेत नहीं है कि आप विफल हो रहे हैं या एकांत आपके लिए नहीं बना है। बल्कि, यह शुरुआती अजीबपन इस बात का

प्रमाण है कि आप बिल्कुल सही रास्ते पर हैं। वह असहजता वास्तव में उस आंतरिक शोर को सतह पर ला रही है, जिस पर ध्यान देने की आवश्यकता है। शरीर के 'डिटॉक्स' की ही तरह, मानसिक शुद्धिकरण की इस प्रक्रिया में भी शांति मिलने से पहले थोड़ी उथल-पुथल महसूस होना स्वाभाविक है। ये वे परतें हैं जिन्हें सच्ची आंतरिक शांति तक पहुँचने के लिए सामने लाना और धीरे-धीरे सुलझाना होगा।

इस बेचैनी से पार पाने का रहस्य इन आंतरिक भावनाओं के साथ संघर्ष करने में नहीं, बल्कि एक तटस्थ उत्सुकता और खुले मन के साथ उन्हें स्वीकार करने में है। "मुझे ऐसा महसूस नहीं होना चाहिए", ऐसा सोचने के बजाय, एक साक्षी की तरह यह सोचने का प्रयास करें: "अच्छा, तो अब मेरे भीतर से यह विचार या भावना उभर कर आ रही है।"

अध्याय 1 में समाज द्वारा हम पर लगातार जुड़े रहने के दबाव और फोमो पर चर्चा की थी। फोमो केवल किसी पार्टी या आयोजन के छूट जाने तक सीमित नहीं है; यह असल में पीछे रह जाने या किसी ख़ास समूह का हिस्सा न बन पाने की गहरी असुरक्षा है।

यही फोमो आपको बार-बार सोशल मीडिया चेक करने के लिए उकसाता है और इस चिंता में डाल देता है कि आपके दोस्त या सहकर्मी आपके बिना क्या कर रहे हैं। आपको ऐसा महसूस हो सकता है कि आप अपना समय व्यर्थ गँवा रहे हैं और बाकी सभी लोग आपसे बेहतर जीवन जी रहे हैं या बेहतर अनुभव बटोर रहे हैं।

"कुछ छूट जाने" के इस डर को "खुद को चुनने" के रूप में फिर से परिभाषित करें। आप सचेत रूप से अपने विस्तार,

मानसिक स्पष्टता और शांति का मार्ग चुन रहे हैं। असल में, आप बाहर का शोर नहीं गँवा रहे हैं; बल्कि आप आंतरिक ज्ञान और ठहराव प्राप्त कर रहे हैं।

आंतरिक पुरस्कारों को प्राथमिकता दें: अपना ध्यान बाहरी दुनिया से मिलने वाली स्वीकृति से हटाकर इस बात पर केंद्रित करें कि आप भीतर से क्या अर्जित कर रहे हैं। एकांत से मिलने वाली शांति, स्पष्टता और रचनात्मकता वे आंतरिक पुरस्कार हैं, जो किसी भी बाहरी सराहना से कहीं अधिक स्थायी और संतोषजनक हैं।

डिजिटल सीमाओं को मज़बूत करें: अध्याय 3 में बनाए गए अपने 'डिजिटल डिटॉक्स ब्लूप्रिंट' पर वापस लौटें। अपनी तय की गई सीमाओं का दृढ़ता से पालन करना ही फोमो से बचने की आपकी सबसे मज़बूत ढाल है।

अपने एकांत के प्रति आभार व्यक्त करें: अपने लिए एकांत का समय और स्थान निकाल पाने को एक विशेषाधिकार और उपहार मानें। इस मौन, आत्म-मंथन के अवसर, और खुद की भलाई को चुनने के इस सरल लेकिन शक्तिशाली कदम के प्रति गहरी कृतज्ञता व्यक्त करें।

अपने मूल मूल्यों से जुड़ें: जब फोमो आपके कानों में फुसफुसाता है, तो अपने मूल मूल्यों के बारे में सोचें। यदि व्यक्तिगत विकास, वास्तविकता, या शांति की भावना जैसी चीज़ें आपके लिए मायने रखती हैं, तो एकांत उन गुणों को बनाए रखने का सीधा रास्ता है।

बाहरी स्वीकृति की चाहत से खुद को सक्रिय रूप से अलग करके और अपने एकांत के आंतरिक मूल्य को अपनाकर, आप एक ऐसी मज़बूत आंतरिक शक्ति विकसित करते हैं,

जिसे बाहरी दुनिया की राय या उतार-चढ़ाव आसानी से हिला नहीं सकते।

अपनी आंतरिक आवाज़ से मित्रता करना

एक बार जब आप शुरुआती असहजता और बाहरी मांगों को पार कर लेते हैं, तो अंततः आपकी मुलाकात अपनी आंतरिक आवाज़ से से होता है। यह विचारों, दृष्टिकोणों, स्मृतियों और लक्ष्यों की वह निरंतर बहने वाली धारा है, जो आपके मन को हर पल उलझाए रखती है।

चुनौती: आपका आंतरिक संवाद एक बुद्धिमान मार्गदर्शक भी हो सकता है, और आपका सबसे कठोर आलोचक भी। बाहरी दुनिया के भटकाव और शोर के अभाव में, एकांत अक्सर इस आंतरिक आवाज़ को बहुत अधिक मुखर और हावी बना देता है।

समाधान:

तुरंत प्रतिक्रिया देने के बजाय, केवल साक्षी भाव से उसे देखना सीखना। इस अवस्था में, सजगता एक अत्यंत मूल्यवान अभ्यास बन जाता है। सजगता का अर्थ है बिना किसी फैसले के वर्तमान क्षण को तटस्थ होकर देखना। एकांत में इसका अभ्यास कुछ इस प्रकार है:

विचारों पर ध्यान देना: यदि आपको कोई विचार आता है, तो उसे इस तरह देखें: "हम्म... यह मेरी आज के कामों की

चिंता का एक विचार है"। इसे दूर धकेलने या इसमें उलझने की कोशिश न करें।

दूरी बनाना: अपने विचारों की कल्पना खुले आकाश में तैरते बादलों या नदी की धारा में बहते हुए पत्तों की तरह करें। आप किनारे पर खड़े एक शांत दर्शक हैं, वह बहता हुआ पत्ता नहीं। याद रखें, आप अपने विचार नहीं हैं।

सहजता से वापस मुड़ना: जब भी आप खुद को किसी विचार के बहाव में बहता हुआ पाएँ, तो बिना किसी अपराधबोध के, बहुत ही सहजता से अपना ध्यान अपनी साँसों, शरीर की संवेदनाओं, या एकांत के इस पल पर वापस ले आएँ। खुद को कोसने या दोष देने की कोई आवश्यकता नहीं है; बस धीरे से वर्तमान क्षण में लौट आएँ।

रचनात्मक आत्म-संवाद और व्यर्थ के चिंतन में भेद करना

अपने विचारों को साक्षी भाव से देखने का अभ्यास करें, ताकि आप उनके बीच का अंतर परख सकें।

रचनात्मक आत्म-संवाद: यह आपके भीतर समाधान खोजने की क्षमता, भविष्य की स्पष्ट योजना, खुद के प्रति दया, या रचनात्मकता को सक्रिय करने वाली गहरी अंतर्दृष्टि पैदा करता है। यह आपके मन को विस्तार और ऊर्जा देता है।

व्यर्थ का चिंतन: यह विचारों का एक अंतहीन और दोहराव भरा चक्र है। इसका स्वभाव अत्यधिक आलोचनात्मक होता

है, जो या तो अतीत के पछतावे में उलझा रहता है या भविष्य की अनियंत्रित चिंताओं में। इसका परिणाम केवल मानसिक थकावट के रूप में सामने आता है और यह भीतर से घुटन भरा महसूस होता है।

एकांत का अंतिम उद्देश्य मन को पूरी तरह से शून्य या सुन्न करना नहीं है, बल्कि अपने ही विचारों के साथ अपने रिश्ते को पूरी तरह से बदलना है। इस अभ्यास से आप अपने ही मन के एक 'बुद्धिमान श्रोता' बन जाते हैं—जो यह चुनने में सक्षम होता है कि किन विचारों को सुनना है और उन पर प्रतिक्रिया देनी है, और किन विचारों को चुपचाप बह जाने देना है।

कुछ न करने का अभ्यास

हमारी आधुनिक संस्कृति 'निरंतर कुछ न कुछ करते रहने' की नैतिकता में गहराई से निहित है। हमारा मूल्य अक्सर उत्पादकता, सफलता और निरंतर गतिविधि से तय होता है। लेकिन एकांत—विशेषकर गहरा और परिवर्तनकारी एकांत—इस विचारधारा से एक बहुत बड़े बदलाव की माँग करता है।

जब 'कुछ न करने' को एक उद्देश्यपूर्ण मानसिकता के साथ अपनाया जाता है, तो वह आलस्य या खालीपन नहीं रहता, बल्कि भीतर से जुड़ने का एक शक्तिशाली अभ्यास बन जाता है।

'कुछ न करना' शक्तिशाली और चुनौतीपूर्ण क्यों है

- **गहराई तक बैठी कंडीशनिंग:** बचपन से ही हमारे अवचेतन में यह बात बिठा दी गई है कि यदि हम कुछ उत्पादक नहीं कर रहे हैं, तो हमें अपराधबोध महसूस होना चाहिए।
- **शून्यता का सामना:** जब आप अचानक 'कुछ करना' रोक देते हैं, तो शुरुआत में आपको एक अजीब से खालीपन का सामना करना पड़ता है, जो विचलित करने वाला हो सकता है।
- **आंतरिक स्थितियों तक पहुँचना:** 'कुछ न करने' की इसी शांत अवस्था में सच्चा विश्राम, गहरी समझ और वास्तविक रचनात्मकता जन्म लेती है। यही वह जगह है जहाँ आपका अवचेतन मन सबसे शानदार और नए विचार लेकर आता है।

'कुछ न करने' का अभ्यास

- **सचेत इरादा तय करें:** शुरुआत में ही खुद से कहें—"अपने एकांत के इस समय में मैं बस यहाँ, इस पल में 'उपस्थित' रहने वाला हूँ।"
- **परिणाम की चिंता छोड़ें:** हर बार खाली बैठने पर किसी महान विचार या अंतर्दृष्टि के प्रकट होने की उम्मीद न करें। जो भी विचार या भावना उभर रही है, उसे सहजता से आने दें।
- **अपनी इंद्रियों से जुड़ें:** विचारों में उलझने के बजाय, अपनी इंद्रियों के माध्यम से वर्तमान को महसूस करें—जैसे

त्वचा पर धूप की गर्माहट, पक्षियों की चहचहाहट, या अपनी आती-जाती साँसों का स्पर्श।

- **दिन में सपने देखने का स्वागत करें:** अपने मन को नियंत्रित करने की कोशिश न करें; उसे आज़ादी से भटकने दें। यह वह क्षण है जहाँ डीएमएन उत्कृष्ट प्रदर्शन करता है।
- **खालीपन को भरने के लालच से बचें:** यदि ऊब महसूस हो, तो उसे होने दें। तुरंत अपना फोन या कोई और भटकाव न ढूँढें। बस शांत रहकर देखें कि जब आपके पास उलझने के लिए कुछ नहीं होता, तब भीतर क्या घटित होता है।

उद्देश्यपूर्ण मानसिकता के साथ 'कुछ न करना' वास्तव में खुद पर भरोसा करने का एक क्रांतिकारी कदम है। यह आपको इस बात का यकीन दिलाता है कि आपकी कीमत आपकी निरंतर भागदौड़ से तय नहीं होती; आपका अस्तित्व अपने आप में मूल्यवान है। यही सच्चे एकांत की सबसे बड़ी पहचान है।

धैर्य और दृढ़ता

किसी भी गहरे कौशल की तरह, एकांतप्रिय मन को विकसित करना एक लंबी प्रक्रिया है जिसके लिए सहनशक्ति और दृढ़ता की आवश्यकता होती है। आप रातों-रात या महज़ एक सप्ताह में इसमें पारंगत नहीं हो जाएँगे। इसमें समय लगता है। धैर्य रखें और प्रतिबद्ध रहें। धैर्यवान रहें और अपने प्रयास के प्रति प्रतिबद्ध रहें।

इसे मानसिक व्यायाम की तरह समझें

- **शुरुआती दर्द:** जिस प्रकार शारीरिक व्यायाम शुरू करने के शुरुआती दिनों में मांसपेशियों में दर्द और अकड़न महसूस होती है, ठीक उसी प्रकार एकांत के इस नए अभ्यास में आपका मन भी शुरुआत में बेचैनी और असहजता का अनुभव कर सकता है।
- **बढ़ती हुई ताकत:** समय और निरंतर अभ्यास के साथ, आपकी यह "एकांत की मांसपेशी" मज़बूत होने लगेगी। अपने भीतर के आलोचक को शांत करना, विचारों को साक्षी भाव से देखना, और उस मौन ठहराव में सुकून पाना—धीरे-धीरे आपका स्वभाव बन जाएगा।
- **विफलता का कोई स्थान नहीं:** एकांत के अभ्यास में 'विफल' होने जैसी कोई चीज़ नहीं होती। आपका हर प्रयास, मौन में बिताया गया हर सचेत पल, सही दिशा में उठाया गया एक कदम है। यदि ध्यान भटक भी जाए, तो बस उसे पहचानें और बिना किसी अपराधबोध के, अपने मूल इरादे पर वापस लौट आएँ।

रुकावटों को संभालना

एकांत की इस यात्रा में सभी दिन एक समान नहीं होंगे। कुछ दिन बहुत सहज होंगे, तो किसी दिन आपका मन विचारों के शोर से भरा हो सकता है, या बाहरी दुनिया के दबाव एकांत ढूँढना मुश्किल बना सकते हैं।

ऐसे में:

- **खुद पर निर्णय न थोपें:** अपनी आलोचना करने या खुद को असफल मानने से बचें। बस उस दिन की चुनौती को सहजता से स्वीकार करें।
- **फिर से संकल्प लें:** अगली सुबह, या अगले ही घंटे, बिना किसी पिछले बोझ के अपने अभ्यास के लिए फिर से संकल्प लें।
- **उम्मीदों को लचीला रखें:** अत्यधिक चुनौतीपूर्ण या व्यस्त दिनों में, खुद पर लंबे समय तक बैठने का दबाव डालने के बजाय, एक छोटे और सरल एकांत सत्र का विकल्प चुन सकते हैं।

एक मज़बूत और स्वतंत्र दिमाग विकसित करने की यह यात्रा एक निरंतर चलने वाली प्रक्रिया है, जिसमें खोज और निरंतर विकास शामिल है। शुरुआती प्रतिरोध को स्वीकार करके, अवलोकन का अभ्यास करके, 'कुछ न करने' को अपनाकर, और धैर्य रखकर, आप हमेशा आंतरिक शांति और स्पष्टता के लिए अपनी क्षमता विकसित कर रहे होते हैं।

एक सशक्त और स्वतंत्र दिमाग विकसित करने की यह यात्रा कोई मंज़िल नहीं, बल्कि विकास क़ी एक निरंतर चलने वाली प्रक्रिया है। शुरुआती असहजता को स्वीकार करके, साक्षी भाव का अभ्यास करके, 'कुछ न करने' की कला को अपनाकर और धैर्य रखकर, आप हर दिन अपने भीतर शांति और स्पष्टता का एक असीमित भंडार निर्मित कर रहे हैं।

5

गहराई से सुनने की कला

एकांत की शांति में, बाहरी दुनिया धुंधली पड़ जाती है और भीतर की ओर जाने वाला एक दरवाज़ा खुलता है। यह बाहरी भटकाव से भागना नहीं है, बल्कि अपने भीतरी संसार में गहराई से उतरने का एक सचेत निमंत्रण है। इसका अर्थ केवल बाहर से चुपचाप बैठना नहीं है, बल्कि अपने मन की धीमी आवाज़ों, अपने दिल की फुसफुसाहटों और उस गहरे ज्ञान को सुनने का एक तरीका खोजना है जो हमेशा से आपके भीतर बसा है।

यह अध्याय तीन प्रमुख स्तंभों—जर्नलिंग, ध्यान और आत्म-मंथन—के माध्यम से गहराई से सुनने की कला को विकसित करने पर केंद्रित है। ये तीनों अभ्यास आपको उस गहरे ज्ञान और आपके सच्चे स्वरूप से जुड़ने के दरवाज़े हैं।

एक आईने के रूप में जर्नलिंग

कल्पना करें कि आपके पास एक समझदार सलाहकार है, जो पूरी तरह से आपके बारे में राय बनाने से मुक्त है, जो हमेशा आपके लिए उपलब्ध है, जिसका आपको आपका सच दिखाने के अलावा और कोई उद्देश्य नहीं है। अकेले में आपका जर्नल (डायरी) बिल्कुल वैसा ही है। हर दिन क्या होता है इसकी महज़ एक सूची होने के अलावा, जर्नलिंग आपके आंतरिक वातावरण को बाहर लाने की एक प्रक्रिया है ताकि आप अपने विचारों और भावनाओं को नए नज़रिए से देख सकें। यह आपके दिमाग के उड़ते हुए विचारों को जमा देता है और उन्हें किसी ऐसी चीज़ में बदल देता है जिसे आप देख सकते हैं, जिससे आप सीख सकते हैं, और अंततः जिन्हें आप सुलझा सकते हैं। जर्नलिंग का जादू इसकी आत्मीयता और तुरंत असर करने की क्षमता में है। यह आपके अवचेतन मन की एक कड़ी है, और यह आमतौर पर आपको वे चीज़ें दिखाता है जो आपको खुद भी नहीं पता था कि आप जानते हैं।

अपने जर्नल को एक प्रभावी आईने के रूप में तैयार करने के कुछ तरीके यहाँ दिए गए हैं:

मुक्त लेखन(फ्रीराइटिंग)

अभ्यास:

5 से 10 मिनट का समय तय करें। बिना सोचे लिखें, आपकी कलम कागज़ पर रुकनी नहीं चाहिए। स्पेलिंग, ग्रामर, विराम

चिह्न या यहाँ तक कि बात का कोई मतलब निकलने की भी परवाह न करें। अगर आप अटक जाते हैं, तो तब तक "मुझे नहीं पता कि क्या लिखना है" लिखें जब तक कि कोई नया विचार न आ जाए। यहाँ इरादा आपके आंतरिक आलोचक को चकमा देना और आपके दिमाग के निर्बाध प्रवाह तक पहुँचना है।

यह काम क्यों करता है:

मुक्त लेखन मानसिक कचरे को साफ करती है, छिपी हुई चिंताओं या उत्साह को सतह पर लाती है, और उन बार-बार आने वाले विषयों को उजागर करती है जिन्हें आप रोज़मर्रा की ज़िंदगी की भागदौड़ में अक्सर नज़रअंदाज़ कर देते हैं। अपनी आंतरिक आवाज़ को आज़ाद करने का यह एक शानदार तरीका है।

सवालों पर आधारित जर्नलिंग

अभ्यास:

जब आप किसी विषय की स्पष्ट तस्वीर पाना चाहते हैं, तो सवालों का सहारा लिया जाता है। कोई ऐसा सवाल चुनें जो आपको गहराई से छूता हो। उदाहरण के लिए:

- जब मैं व्यस्त होता हूँ तो मैं किस भावना से लगातार भागता हूँ? और वह भावना अब, इस शांति में मुझसे क्या कहना चाह रही है?
- आज या इस सप्ताह मेरे एकांत के पलों में कौन सा छिपा हुआ सच या इच्छा सामने आई?

- मेरी आंतरिक आवाज़ के अनुसार, इस समय मेरी सबसे बड़ी चुनौती क्या है? क्या मैं उसे सुन पा रहा हूँ?
- जब मैं अकेला होता हूँ, तो अपने बारे में वे कौन सी तीन चीज़ें हैं जिनके लिए मैं सबसे ज़्यादा आभारी हूँ?
- एकांत को अपनाते समय मुझे कहाँ प्रतिरोध या तनाव महसूस होता है, और ऐसा क्यों हो सकता है?

यह काम क्यों करता है:

सवाल एक ढांचा प्रदान करते हैं, व्यक्तिगत विकास या कठिनाई वाले क्षेत्रों में आपके चिंतन का मार्गदर्शन करते हैं, और उन अहम बातों को उजागर करते हैं जिन पर आप आम दिनों में ध्यान नहीं दे पाते।

आभार जर्नलिंग

अभ्यास:

उन चीज़ों की सूची बनाने के लिए एक पन्ना या पूरी डायरी अलग रखें जिनके लिए आप सच में आभारी हैं। एकांत में बैठकर सोचें कि आप आभारी क्यों हैं; उस चीज़ या इंसान के साथ क्या हुआ और आप ऐसा क्यों महसूस करते हैं, इसकी एक छोटी सी कहानी लिखें।

यह काम क्यों करता है:

यह अभ्यास चुनौतीपूर्ण स्थितियों में भी आपके दृष्टिकोण को सकारात्मक रूप से बदल देता है। एकांत आपको कृतज्ञता की भावना को अधिक तीव्रता से महसूस करने का अवसर

देता है, जिससे यह महज़ एक सूची से आगे बढ़कर एक गहरा भावनात्मक अनुभव बन जाता है।

शैडो वर्क जर्नलिंग: असहज सच्चाइयों से दोस्ती करना

अभ्यास:

यह थोड़ा अधिक गहन और साहसी खोज के लिए है। अपने बारे में कोई ऐसी चीज़ चुनें जिसकी आप आमतौर पर आलो-चना करते हैं, जिसे आप दबाते हैं या जिससे आप नफरत करते हैं। बिना कोई फैसला सुनाए उसका वर्णन करें। खुद से पूछें: "मुझे यह पहली बार कब महसूस हुआ? इसका छिपा हुआ संदेश क्या है? इसने मेरे बचाव में कैसे काम किया है, भले ही इसका तरीका गलत क्यों न रहा हो?"

यह काम क्यों करता है:

अकेले बिताया गया समय एक सुरक्षित जगह है, जहाँ आप बाहरी दबाव या अपराधबोध के बिना अपने इन संवेदनशील और आहत हिस्सों में जा सकते हैं। अपनी इन 'परछाइयों' पर प्रकाश डालकर, आप उन्हें स्वीकार करना शुरू करते हैं, जिससे भीतर एक पूर्णता और आत्म-स्वीकृति का अहसास होता है।

सपनों की जर्नलिंग: अवचेतन तक पहुँचना

अभ्यास:

अपनी डायरी अपने बिस्तर के पास रखें। जैसे ही आप जागते हैं, जो भी सपने आपको याद हों उन्हें लिख लें, चाहे वे कितने

भी अधूरे या अजीब क्यों न हों। बार-बार आने वाले प्रतीकों, भावनाओं या कहानियों को पहचानने की कोशिश करें।

यह काम क्यों करता है:

सपने आपके अवचेतन मन की ओर से आने वाले संदेश हैं। अपनी डायरी के माध्यम से, आप उन संदेशों को समझने, उन्हें अपने वर्तमान जीवन की स्थितियों से जोड़ने और अपने भीतर चल रहे अनसुलझे संघर्षों के बारे में स्पष्टता प्राप्त करने का एक सुरक्षित स्थान बनाते हैं।

जर्नलिंग को एक स्थायी आदत बनाने के सुझाव

हमेशा निरंतरता के लिए प्रयास करें, पूर्णता के लिए नहीं। छोटी शुरुआत करें; दिन में केवल 5 मिनट भी काफी हैं। जो तरीका आपको सबसे अधिक स्वाभाविक लगे, उसके साथ प्रयोग करें—चाहे वह एक डायरी और पेन हो, कंप्यूटर पर एक डिजिटल फ़ाइल हो, या कोई जर्नलिंग ऐप। और सबसे महत्वपूर्ण बात: आप जो भी लिखते हैं, उसे लेकर खुद को आंकना छोड़ दें। आपका जर्नल आपके सच्चे स्वरूप से मिलने की आपकी अपनी एक बेहद निजी जगह है।

एकांत के लिए ध्यान

यदि किसी डायरी में विचारों को लिखना खुद से बात करना है, तो अकेले में ध्यान करना बिना शब्दों के और गहराई से

सुनने का कौशल है। यह सजग होकर बैठने और मन की गतिविधियों में उलझे बिना उन्हें केवल देखने का अभ्यास है। जब आप एकांत में होते हैं, तो बाहरी दुनिया का शोर शांत हो जाता है, जो इस आंतरिक शांति को स्थापित करने के लिए एक बेहतरीन पृष्ठभूमि प्रदान करता है।

ध्यान का अर्थ अपने विचारों को ज़बरदस्ती चुप कराना नहीं है; बल्कि उनके साथ अपने संबंध को बदलना है। अपने विचारों और भावनाओं के प्रवाह में बहने के बजाय, किनारे पर खड़े साक्षी की भाँति उन्हें देखना ही ध्यान है।

एकांत के लिए ध्यान के सरल नियम

सांसों के प्रति जागरूकता: आराम से बैठें। अपनी आँखें धीरे से बंद करें या अपनी दृष्टि को ढीला छोड़ दें। अपना पूरा ध्यान अपनी आती-जाती साँसों पर केंद्रित करें। साँस लेने की गति को बदलने या नियंत्रित करने की कोशिश न करें, बस उसे स्वाभाविक रूप से चलने दें। हवा को अपने नथुनों से अंदर-बाहर आते-जाते हुए महसूस करें, या साँस के साथ अपने पेट के उठने और गिरने की गति को देखें।

जब भी आपका मन भटके (जो कि स्वाभाविक है), तो बिना खुद को कोसे उस विचार को पहचानें, और धीरे से अपना ध्यान वापस अपनी साँसों पर ले आएँ।

शारीरिक सजगता: शांति से बैठ जाएँ या लेट जाएँ। अपनी आँखें बंद करें। अपना ध्यान अपने पैरों के पंजों पर केंद्रित करें। वहाँ किसी भी संवेदना—जैसे गर्माहट, ठंडक, झुनझुनी या भारीपन—पर ध्यान दें। धीरे-धीरे अपनी इस जागरूकता

को शरीर के ऊपरी हिस्सों की ओर लाएँ; अपने पैरों, कूल्हों, पेट, छाती, बाहों, हाथों, गर्दन और अंत में सिर को महसूस करें। आपको कुछ भी बदलना नहीं है, बस एक तटस्थ भाव से अवलोकन करना है। यदि आपको शरीर के किसी हिस्से में तनाव महसूस होता है, तो उसे देखें और वहाँ एक कोमल राहत को फैलने दें। यह अभ्यास आपको शारीरिक संवेदनाओं से जोड़ता है, जिससे मन की बकबक अपने आप कम हो जाती है।

ध्वनि ध्यान: शांति से बैठें। अपनी आँखें बंद करें। सबसे पहले, अपने आस-पास की सबसे नज़दीकी आवाज़ों को सुनना शुरू करें। इसके बाद, अपनी जागरूकता का विस्तार करें और कमरे के बाहर या दूर से आ रही सूक्ष्म आवाज़ों को सुनें। अंत में, दो आवाज़ों के बीच के उस मौन को सुनने का प्रयास करें। यह मौन केवल शोर की अनुपस्थिति नहीं है, बल्कि शांति का वह गहरा क्षेत्र है जहाँ से सभी ध्वनियाँ उत्पन्न होती हैं।

आम बाधाओं को पार करना: ज़्यादातर लोग ध्यान के दौरान अनुभव करते हैं कि "मेरा दिमाग रुक नहीं रहा है" या "मैं बेचैन हो रहा हूँ"। यह पूरी तरह से स्वाभाविक है, इनसे बचा नहीं जा सकता। यह महसूस करें कि ये बेचैनियाँ केवल संवेदनाएँ या विचार हैं। आपका काम उनसे लड़ना या छुटकारा पाना नहीं है, बल्कि एक तटस्थ गवाह की तरह उन पर ध्यान देना है। निरंतरता, भले ही वह दिन में केवल कुछ मिनटों के लिए हो, आपकी एकाग्रता को बेहतर बनाएगी। कम तनाव, बेहतर एकाग्रता और भावनात्मक संतुलन जैसे पुरस्कार समय के साथ धीरे-धीरे आपके जीवन का हिस्सा बन जाएँगे।

सजग होकर टहलना

एकांत का अर्थ हमेशा एक जगह स्थिर होकर बैठना ही नहीं है। 'सजग होकर टहलना' एक अत्यंत सुंदर और प्रभावशाली अभ्यास है, जिसमें पूरी जागरूकता के साथ गति शामिल होती है। विशेष रूप से जब इसे अकेले किया जाता है, तो यह बहुत शक्तिशाली हो जाता है। यह एक साधारण सी सैर को एक गहन ध्यान में बदल देता है, जहाँ आप अपने शरीर, अपनी इंद्रियों और अपने आस-पास की दुनिया से गहराई से जुड़ पाते हैं।

विचार:

सजग होकर टहलना कहीं पहुँचने के बारे में नहीं है; यह हर कदम के साथ 'वर्तमान' में उपस्थित रहने के बारे में है। यह चलने की गति और आपके सामने खुल रही दुनिया के प्रति आपकी सभी इंद्रियों की एक सचेत भागीदारी है।

फायदे:

यह हमारे नर्वस सिस्टम को शांत करता है, रचनात्मकता को बढ़ाता है, हमारी संवेदी समझ का विस्तार करता है, और चलते-फिरते ध्यान का एक बेहतरीन विकल्प देता है।

व्यावहारिक मार्गदर्शिका

चलते समय, सचेत रूप से अपना ध्यान अपनी इंद्रियों पर लाएं। उदाहरण के लिए:

- **पाँव**: ज़मीन पर पड़ते अपने कदमों को महसूस करें—दबाव, सतह की बनावट, और शरीर के वज़न का एक पैर से दूसरे पैर पर जाना।
- **ध्वनियाँ**: दूर जाती गाड़ियों की गड़गड़ाहट, हवा से सरस-राते पत्तों की आवाज़, पक्षियों का गीत, और ज़मीन पर पड़ते अपने ही कदमों की लय को सुनें।
- **दृश्य**: रंग, आकार, प्रकाश और छाया का निरीक्षण करें। अपने आस-पास की हर चीज़ को ऐसे देखें जैसे आप उसे पहली बार देख रहे हों।
- **गंध**: हवा में मौजूद गंधों पर ध्यान दें—बारिश के बाद की गीली मिट्टी की महक, खिलते हुए फूलों की सुगंध, या कोई भी हल्की-सी गंध जो वातावरण में घुली हो।
- **सांस**: जब आप आगे बढ़ते हैं तो अपनी सांसों पर ध्यान दें, उसकी लय को महसूस करें।
- **रफ़्तार**: अपनी गति धीमी करें। कोई जल्दी नहीं है। चीज़ों पर केवल एक सरसरी नज़र डालने के बजाय, खुद को उन्हें वास्तव में 'देखने' की अनुमति दें।
- **कोई मंज़िल नहीं**: हालाँकि आपके पास चलने की एक दिशा हो सकती है, लेकिन आपकी असली मंज़िल 'जागरूकता' है। यहाँ टहलना अपने आप में ही पूरा अभ्यास है।

विभिन्न परिवेशों में अभ्यास:

- **घर के अंदर**: अपने कमरे में भी, एक कोने से दूसरे कोने तक धीरे-धीरे और पूरी सजगता के साथ चलना।

- **शहरी वातावरण:** ऊँची इमारतों, लोगों के प्रवाह और शहर की आवाज़ों की एक अलग लय पर ध्यान देना।
- **प्राकृतिक वातावरण:** पेड़ों के चरमराने की आवाज़, अपनी त्वचा पर धूप की गर्माहट, और बदलती रोशनी को महसूस करना। वास्तव में, प्रकृति एकांत की सबसे महान शिक्षिका है।

सजग होकर टहलना आपको ज़मीन से जोड़ता है। यह आपका ध्यान दिमाग से हटाकर वापस शरीर में लाता है, ताकि आप अपने आस-पास की दुनिया को अधिक गहराई से ग्रहण कर सकें — खासकर तब, जब आप बाहरी दुनिया की माँगों और बातचीत से पूरी तरह मुक्त हों।

आत्म-मंथन की ताकत

जहाँ एक ओर जर्नलिंग विचारों के निर्बाध प्रवाह के लिए एक खुली जगह देती है और ध्यान एक साक्षी भाव लाता है, वहीं आत्म-मंथन खुद से गहरे सवाल पूछने और भीतर के ज्ञान से उभरने वाले जवाबों को धैर्यपूर्वक सुनने का एक सचेत और सोद्देश्य अभ्यास है। यह अपने ही मन की परतों को उधेड़ने, सतही विचारों को पीछे छोड़ने और अपनी अंतर्निहित मान्यताओं, मूल्यों और सच्चाइयों तक पहुँचने की कला है।

एकांत में ये सवाल बेहतर होते हैं, क्योंकि यहाँ वे रोज़मर्रा के भटकाव मौजूद नहीं होते जो अक्सर हमारे गहरे उत्तरों को शोर में दबा देते हैं।

सतही विचारों से परे

हमारे रोज़मर्रा के सवाल आमतौर पर केवल उपयोगिता पर आधारित होते हैं:

- "मुझे नाश्ते में क्या खाना चाहिए?"
- "मेरे आज के शेड्यूल में अगला काम क्या है?"

लेकिन एकांत में होने वाली 'आत्म-पूछताछ' कहीं अधिक गहरी होती है:

- "मैं ऐसा क्यों महसूस कर रहा हूँ?"
- "दूसरे क्या कहेंगे, इसकी परवाह किए बिना, मैं किस चीज़ की परवाह करता हूँ?"
- "इस चुनौती में क्या सीख छिपी है?"

आत्म-मंथन के प्रश्नों के प्रकार

मूल्य और उद्देश्य:

- "मेरे जीवन के शीर्ष पाँच मूल्य क्या हैं, और क्या मैं अपना जीवन उनके अनुरूप जी रहा हूँ?"
- "यदि मेरे पास समय और संसाधनों की पूरी आज़ादी होती, तो मैं अपनी ऊर्जा किस दिशा में लगाता?"
- "इस दुनिया के लिए मेरा सबसे अनूठा उपहार या योगदान क्या है?"

मान्यताएं और सीमाएं:

- "मैं आज भी खुद को सीमित करने वाली किस पुरानी मान्यता को पकड़े हुए हूँ, जो अब मेरे किसी काम की नहीं है? यह मेरे भीतर कहाँ से आई?"
- "मैं अपने जीवन के किस हिस्से में सबसे अधिक प्रतिरोध महसूस कर रहा हूँ, और यह मुझे क्या सिखाने का प्रयास कर रहा है?"
- "अगर मेरे भीतर विफलता का कोई डर न होता, तो मैं आज क्या कदम उठाता?"

भावनात्मक खोज:

- "यह तीव्र भावना (जैसे—क्रोध, शोक या भय) मुझसे क्या कहने की कोशिश कर रही है?"
- "मैं इस वर्तमान क्षण में खुद के प्रति अधिक दया और समझ कैसे दिखा सकता हूँ?"
- "मेरी वे कौन सी अधूरी ज़रूरतें हैं, जो वर्तमान की इन बेचैन भावनाओं का मूल कारण हैं?"

'क्यों' का खेल

अपनी प्रतिक्रियाओं की गहराई तक जाने का एक और बेहद प्रभावी तरीका यह है कि आप अपनी प्रतिक्रियाओं के बारे में लगातार खुद से 'क्यों?' पूछते रहें। उदाहरण के लिए:

- "मैं तनाव में हूँ"। क्यों?

- "क्योंकि मेरे पास करने के अभी बहुत-से काम बाकी हैं।" यह इतना तनावपूर्ण क्यों है?
- "क्योंकि मुझे लग रहा है कि मुझ पर उम्मीदों का बोझ बहुत ज़्यादा है।" यह बोझ ज़्यादा क्यों लग रहा है?
- "क्योंकि मुझे लगता है कि मुझे हर काम बिल्कुल 'परफेक्ट' तरीके से करना होगा।"

लगातार पूछे गए ये 'क्यों' आपको किसी भी समस्या या अनुभव के मूल कारण तक पहुँचने के लिए मजबूर कर देते हैं।

कोई सही जवाब नहीं, बस गहरी समझ

आत्म-मंथन सही जवाब खोजने के बारे में नहीं है, बल्कि स्पष्ट होने और बुद्धिमान बनने के बारे में है। हो सकता है कि जवाब किसी अचानक चमकने वाली अंतर्दृष्टि की तरह न आएं, बल्कि दृष्टिकोण में एक शांत बदलाव, भीतर पसरती एक नई शांति, या ज्ञान की एक धीमी आवाज़ के रूप में आएं — जो आपको आपके अगले सही कदम की ओर ले जाती है।

आंतरिक ज्ञान से जुड़ना

जर्नलिंग, ध्यान और आंतरिक चिंतन द्वारा गहराई से सुनने का अंतिम परिणाम आपका आंतरिक ज्ञान है, जिसे अंतर्ज्ञान

भी कहा जाता है। यह वह भीतरी एहसास, या सूक्ष्म ज्ञान है, जो तब प्रकट होता है जब बाहरी दबाव और अंदर का शोर शांत हो जाता है। यह वास्तव में आपकी अपनी 'आंतरिक मार्गदर्शन प्रणाली' है।

आंतरिक ज्ञान या अंतर्ज्ञान क्या है?

यह कोई तर्कसंगत विचार नहीं है; यह 'सही' या 'गलत' होने की एक ऐसी गहरी अनुभूति है, जो किसी भी तार्किक विश्लेषण से परे होती है। यह आमतौर पर शरीर में उठने वाली एक शारीरिक संवेदना, अचानक कुछ जान लेने का अहसास, या भीतर से मिलने वाला एक हल्का सा इशारा होता है।

एकांत इसे कैसे पोषित करता है

बाहरी दुनिया के शोर को सचेत रूप से कम करके और आंतरिक विचारों के लिए एक सुरक्षित स्थान बनाकर, एकांत आपके अंतर्ज्ञान को विकसित होने के लिए एक 'उपजाऊ मिट्टी' प्रदान करता है। जब आप हर बाहरी उत्तेजना पर तुरंत प्रतिक्रिया देना या दूसरों से अपनी तुलना करना बंद कर देते हैं, तभी आपकी आंतरिक आवाज़ खुलकर उभरने लगती है और स्पष्ट रूप से सामने आने लगती है।

अंतर्ज्ञान विकसित करने के अभ्यास

अपने शरीर को सुनना: किसी निर्णय या बातचीत के दौरान अपने शरीर में उठने वाली संवेदनाओं पर ध्यान दें। भीतर एक

खुलापन या हल्कापन महसूस होना सही दिशा का संकेत हो सकता है; वहीं तनाव, जकड़न या असहजता आपको सावधानी बरतने का इशारा करती है।

ठहराव का अभ्यास: कोई भी निर्णय लेने, किसी ईमेल का जवाब देने या किसी चर्चा में शामिल होने से पहले, कुछ पलों के 'विराम' की आदत डालें। उस शांत पल में, अपने आंतरिक ज्ञान से पूछें: "यहाँ मेरे लिए सबसे सही कदम क्या होगा?" और फिर उस सूक्ष्म, सहज प्रतिक्रिया की प्रतीक्षा करें।

अचानक मिली जागरूकता या अंतर्दृष्टि के पलों को संजोना: अचानक मिलने वाली अंतर्दृष्टि या जागरूकता के पलों के लिए अपने जर्नल में एक अलग पन्ना बनाएँ। जब भी ऐसा हो, उसे लिखें और सोचें—आप उस समय क्या कर रहे थे? आपको भीतर कैसा महसूस हुआ? यह अभ्यास आपको अपनी सहज बुद्धि को पहचानने और उस पर भरोसा करने में मदद करता है।

छोटे प्रयोग करना: शुरुआत में छोटे और कम जोखिम वाले निर्णयों के साथ अपने अंतर्ज्ञान का परीक्षण करें। यदि आपको भीतर से कुछ करने की एक सहज प्रेरणा महसूस होती है, तो उसे सुनें और देखें कि परिणाम क्या होता है। यह धीरे-धीरे आपके भीतर यह विश्वास जगाता है कि आप अपने आंतरिक मार्गदर्शन पर पूरी तरह भरोसा कर सकते हैं।

उस धीमी आवाज़ को पहचानना: सबसे बड़ी चुनौती अपने अंतर्ज्ञान को डर, लालसा या तर्क की तेज़ आवाज़ों से अलग करना है। अंतर्ज्ञान आमतौर पर बहुत कोमल और स्पष्ट होता है; यह तत्काल कार्रवाई की माँग नहीं करता, बल्कि एक गहरी समझ प्रदान करता है। यह फुसफुसाता है, चीखता

नहीं। अभ्यास के साथ, जब आप गहराई से सुनने की कला में निपुण हो जाएँगे, तो आप इस आवाज़ की विशिष्ट पहचान को आसानी से पकड़ लेंगे।

जर्नलिंग, ध्यान और आत्म-मंथन कोई अलग-अलग अभ्यास नहीं हैं; बल्कि ये 'गहराई से सुनने' के ताने-बाने में आपस में गुंथे हुए धागे हैं। ये एक-दूसरे को बल देते हैं और निखारते हैं। जब आप इन्हें एक साथ अपनाते हैं, तो एक ऐसा सुंदर तालमेल बनता है जो आपके एकांत के अनुभव को अत्यंत गहरा कर देता है। जैसे-जैसे आप इन उपकरणों का रोज़ाना उपयोग करेंगे, आप अपनी आंतरिक आवाज़ को अधिक संवेदनशीलता के साथ सुनना शुरू कर देंगे, अपनी भावनात्मक ज़मीन को अधिक करुणा के साथ समझेंगे, और अपने जीवन को कहीं अधिक प्रामाणिकता और सार्थकता के साथ जिएंगे। इसलिए एकांत दुनिया से भागने का विषय नहीं है; यह 'घर लौटने' की एक खूबसूरत यात्रा है — वापस उस असीम ज्ञान की ओर जो हमेशा से आपके भीतर बसा है, और बस सुने जाने की प्रतीक्षा कर रहा है।

6

रचनात्मकता और नवाचार के स्रोत के रूप में एकांत

मनोवैज्ञानिक आत्म-मंथन और भावनात्मक संतुलन के अलावा, एकांत एक ऐसा मूल्यवान आयाम है, जहाँ रचनात्मकता और नवाचार के बीज पनपते हैं। सदियों से महान कलाकारों, विचारकों, वैज्ञानिकों और आविष्कारकों ने अपने वास्तविक स्वरूप तक पहुँचने, भीड़ की आम धारणाओं से बचने और एक नई दृष्टि पैदा करने के लिए मौन और एकांत की इस स्थिर शक्ति का सहजता से उपयोग किया है। लगातार भटकाव और शोर से भरे इस आधुनिक युग में, रचनात्मक ऊर्जा के सबसे बड़े स्रोत के रूप में एकांत की ओर वापस लौटना पहले से कहीं अधिक आवश्यक हो गया है। यह अध्याय इस बात पर गहराई से प्रकाश डालता है कि

कैसे बाहरी दुनिया के भटकावों से पीछे हटना हमें उस शांत मानसिक अवस्था में ले जाता है, जहाँ वास्तव में सच्ची और मौलिक सोच जन्म ले पाती है।

रचनात्मक चिंगारी

हमारा मस्तिष्क हर पल बाहरी उत्तेजनाओं से प्रभावित होता रहता है—जैसे कि संदेश, अफवाहें, बाहरी दबाव और सूचनाओं की कभी न खत्म होने वाली धारा आदि। यह लगातार होने वाला प्रहार, चाहे उस पल में कितना भी सामान्य क्यों न लगे, हमारी मानसिक सतह के नीचे एक ऐसी गहरी धुंध छोड़ जाता है कि हमें कभी भी उस 'उच्च-स्तरीय सोच' के लिए समय ही नहीं मिल पाता जिससे सच्चे नवाचार का जन्म होता है। एकांत बाहरी शोर से एक सचेत दूरी है, जो हमारे दिमाग को आज़ादी से भटकने, अलग-अलग विचारों के बीच नए संबंध बनाने और सोच के उस 'डिफ्यूज़-मोड' तक पहुँचने की अनुमति देता है, जिसकी बड़ी सफलताओं के लिए सबसे अधिक आवश्यकता होती है।

मानसिक कचरे को साफ करना

अपने दिमाग की कल्पना एक बिखरी हुई कार्यशाला के रूप में करें। एकांत इसे साफ करने का काम करता है — बिखरे हुए उपकरणों को वापस तरतीब से उनकी जगह पर रखना और नए प्रोजेक्ट्स के लिए खाली जगह बनाना। लगातार आने

वाली माँगों को रोककर, आप अपने दिमाग को प्रतिक्रिया देने वाले अंतहीन चक्र से बाहर निकालते हैं और सक्रिय खोज की ओर मुड़ने के लिए स्वतंत्र कर देते हैं।

अवचेतन मन तक पहुँचना

ज़्यादातर महान विचार ज़बरदस्ती सोचने से नहीं, बल्कि अवचेतन मन की गहराइयों से निकलते हैं। एकांत—विशेष रूप से जब इसे सजग होकर टहलने या ध्यान जैसे अभ्यासों के साथ जोड़ा जाता है—तो यह मानसिक शोर को इतना कम कर देता है कि अवचेतन के सूक्ष्म संकेत आसानी से सतह पर आ पाते हैं। इसी शांत ठहराव में विचारों के बीच अप्रत्याशित और नए जुड़ाव बनते हैं।

प्रयोग करने की आज़ादी

सामाजिक जीवन में हमेशा 'उत्पादक' बने रहने या कुछ नया हासिल करने का एक अदृश्य दबाव होता है। लेकिन एकांत हमें बिना किसी फैसले या डर के अपने विचारों के साथ 'खेलने' और बेझिझक विफल होने की आज़ादी देता है, जो रचनात्मक प्रक्रिया का एक अत्यंत आवश्यक हिस्सा है। बिना किसी प्रतिबंध वाले इसी मानसिक खेल में नए समाधानों के जन्म लेने की सबसे अधिक संभावना होती है।

महान प्रतिभाएं और एकांत

इतिहास ऐसे सफल और महान व्यक्तियों के उदाहरणों से भरा पड़ा है, जिन्होंने अपनी सर्वश्रेष्ठ बौद्धिक रचनाओं के लिए एकांत की शक्ति का ही सहारा लिया। उनका जीवन यह प्रमाणित करता है कि एकांत उनके लिए कोई कमी नहीं, बल्कि उनकी विलक्षण प्रतिभा का एक अहम हिस्सा था।

वर्जीनिया वूल्फ (Virginia Woolf): 'ए रूम ऑफ़ वन'स ओन (A Room of One's Own)' की प्रबल समर्थक थीं; उनका मानना था कि रचनात्मकता के लिए एक अबाधित स्थान का होना नितांत आवश्यक है। उनका आत्ममंथन से परिपूर्ण 'स्ट्रीम-ऑफ-कॉन्शसनेस' साहित्य उनके भीतर की ओर लगाए गए लंबे और गहरे गोतों का ही परिणाम है।

हेनरी डेविड थोरो (Henry David Thoreau): वाल्डेन पोंड के पास एक केबिन में दो वर्षों तक एकांत में रहे; उन्होंने प्रकृति और अपने मन का गहराई से अवलोकन किया और 'वाल्डेन (Walden)' नामक प्रभावशाली पुस्तक की रचना की। यह सब समाज से अलग, स्वयं चुने गए एकांत का ही परिणाम था।

जे.के. राउलिंग (J.K. Rowling): एक देर रात की ट्रेन यात्रा के दौरान उन्हें 'हैरी पॉटर (Harry Potter)' का विचार आया था। उस अचानक मिले एकांत ने उनके दिमाग को उस समृद्ध और जादुई दुनिया की रचना करने के लिए पूरी तरह से स्वतंत्र कर दिया था।

विन्सेंट वैन गॉग (Vincent van Gogh):हालाँकि अक्सर उन्हें एक अकेले व्यक्ति के रूप में चित्रित किया जाता है, लेकिन प्रकृति के बीच बिताए गए उनके लंबे एकांत ने ही उन्हें अपनी बेहद अभिव्यंजक शैली विकसित करने की अनुमति दी। उनके पत्र स्पष्ट रूप से बताते हैं कि कैसे अकेले भटकने और शांत अवलोकनों ने उनकी कला को गहराई से आकार दिया।

जॉर्जिया ओ'कीफ (Georgia O'Keeffe): न्यू मैक्सिको के बंजर परिदृश्यों में उनका लंबे समय तक ठहरना और अकेले पेंटिंग करना, उनकी लैंडस्केप कला और प्रकृति के साथ उनके अंतरंग संबंध का एक अटूट हिस्सा था।

आइजैक न्यूटन (Isaac Newton): 'ग्रेट प्लेग' के कारण जब लंदन के विश्वविद्यालय बंद हुए, तो न्यूटन अपने पारिवारिक जागीर वाले घर में रुक गए। एकांत और व्यक्तिगत चिंतन का वह एक वर्ष उनका Annus Mirabilis (लैटिन वाक्यांश, जिसका अर्थ है 'चमत्कारों का वर्ष') साबित हुआ, जब उन्होंने कलन (Calculus) की नींव रखी, गुरुत्वाकर्षण का नियम दिया, और प्रकाशिकी (Optics) पर अपना क्रांतिकारी काम किया।

अल्बर्ट आइंस्टीन (Albert Einstein): अपने स्वतंत्र विचारों और भीड़ की मान्यताओं से दूर रहने के लिए प्रसिद्ध आइंस्टीन की सैद्धांतिक सफलताएँ भी लंबे समय तक एकांत में रहने और अपने दिमाग में जटिल समस्याओं को सुलझाने का ही परिणाम थीं।

ये महज़ कुछ कहानियाँ नहीं हैं, बल्कि बार-बार उभरने वाली एक प्रवृत्ति की पुष्टि हैं। जब मन को लगातार बाहरी संपर्क

और शोर से दूर रखा जाता है, तो उसके पास गहराई में उतरने, भिन्न-भिन्न विचारों के बीच संबंध खोजने और समग्र रूप से कुछ नया रचने के लिए पर्याप्त अवकाश होता है।

'फ्लो स्टेट' में प्रवेश करना

'फ्लो स्टेट (Flow state)' मनोवैज्ञानिक **मिहाली सिक्स-ज़ेंटमिहाली (Mihaly Csikszentmihalyi)** द्वारा इस्तेमाल किया जाने वाला एक वाक्यांश है जो किसी चीज़ में पूरी तरह से तल्लीन होने की स्थिति को संदर्भित करता है, जिसमें बढ़ी हुई एकाग्रता, प्रक्रिया में पूरी तरह से डूबना और आनंद शामिल है, ताकि अधिकतम प्रदर्शन हासिल किया जा सके।

रुकावटों को दूर करना

'फ्लो' का सबसे बड़ा दुश्मन रुकावट है। हर बार जब आप किसी फोन की घंटी, किसी के सवाल, या किसी सामाजिक दायित्व के कारण अपने काम से भटकते हैं, तो एकाग्रता के उसी गहरे स्तर पर वापस लौटने के लिए एक बहुत बड़े बौद्धिक प्रयास और ऊर्जा की आवश्यकता होती है। एकांत में बिताया गया समय आपको एक अबाधित दायरा देता है, जहाँ आप अपनी गहरी एकाग्रता को लंबे समय तक बरकरार रख सकते हैं।

केंद्रित ध्यान

इस अवस्था में, आपका पूरा ध्यान आपके सामने मौजूद सृजन के कार्य में पूरी तरह से समर्पित होने के लिए स्वतंत्र होता है। ऐसा केंद्रित ध्यान ही आपको बिना थके घंटों तक काम करना संभव बनाता है—चाहे वह आपके काम में सूक्ष्म सुधार करना हो, मौन सफलताओं का आनंद लेना हो, या धैर्य व गहराई की माँग करने वाली उलझी हुई पहेलियों में डूबे रहना हो।

आत्म-चेतना का विलीन होना

'फ्लो' को अक्सर अहंकार या आत्म-चेतना के अस्थायी रूप से विलीन होने के रूप में अनुभव किया जाता है। एकांत में, आपको किसी के सामने प्रदर्शन करने की कोई ज़रूरत नहीं होती; आपके अधूरे या कच्चे काम की आलोचना करने वाला कोई नहीं होता। बाहरी स्वीकृति के दबाव के बिना, आप साहसपूर्वक प्रयोग करने और खुद को पूरी प्रामाणिकता के साथ व्यक्त करने के लिए स्वतंत्र होते हैं—ये दोनों ही बातें नई रचनात्मक राहें बनाने के लिए नितांत आवश्यक हैं।

अपनी लय से जुड़ना

रचनात्मकता के लिए हर इंसान की अपनी एक स्वाभाविक लय होती है। कुछ लोग सुबह की शुरुआती शांति में सबसे अधिक रचनात्मक होते हैं, जबकि अन्य देर रात के सन्नाटे

में सबसे प्रभावी ढंग से काम करते हैं। अकेले काम करने से आपको अपनी इसी स्वाभाविक लय में ढलने की आज़ादी मिलती है, जो दूसरों की घड़ियों की टिक-टिक से बंधी नहीं होती।

स्वतंत्र रूप से काम करते हुए 'फ्लो' की स्थिति पैदा करना महज़ अधिक मेहनत करने के बारे में नहीं है, बल्कि एकाग्रता को नष्ट करने वाली रुकावटों से बचकर अधिक समझदारी से काम करने के बारे में है।

व्यावहारिक रचनात्मक गतिविधियाँ

एकांत न केवल रचनात्मकता के लिए प्रेरणा के स्रोत के रूप में कार्य करता है, बल्कि यह रचनात्मक कार्यों में सक्रिय रूप से उतरने का एक आदर्श वातावरण भी है। यह केवल रचनात्मक रूप से सोचने के बारे में नहीं है, बल्कि रचनात्मक होने के बारे में है।

ठोस रचनात्मक परिणाम प्राप्त करने के लिए अपने एकांत का उपयोग करने के कुछ बेहतरीन तरीके यहाँ दिए गए हैं:

- **लेखन:** जर्नलिंग के अलावा, आप लघु कथाएँ, कविता, निबंध या अपनी रुचि का कुछ भी लिख सकते हैं। लेखन विचारों को एक ढाँचा देने, अपनी गहरी भावनाओं को व्यक्त करने और एक नई दुनिया का आविष्कार करने का बेहद व्यक्तिगत और शक्तिशाली तरीका है।
- **चित्रकारी:** दृश्य कला अत्यधिक संवादात्मक होती है। एकांत में, आप बिना किसी झिझक के खुद को रंगों,

आकारों और बुनावट में खो सकते हैं। इसके लिए आपको किसी पेशेवर प्रशिक्षण की आवश्यकता नहीं है—बस कागज़ पर बेतरतीब लकीरें खींचें, स्केच बनाएँ, या अपनी रचनात्मकता को कैनवास पर बहने दें। यह केवल रचना है, कोई कर्तव्य या नौकरी नहीं।

- **संगीत:** कोई वाद्ययंत्र बजाना सीखें या अभ्यास करें। संगीत एक शुद्ध भावनात्मक भाषा है। एकांत आपको बिना किसी झिझक के या किसी के सुनने के डर के बिना, नई धुनों के साथ प्रयोग करने की आज़ादी देता है।
- **समस्या-समाधान और विचार-मंथन:** जब भी कार्य या निजी जीवन में किसी जटिलता का सामना हो, तो एकांत में बैठकर उसके संभावित समाधानों पर गहन विचार करें। नवीन विचारों तक पहुँचने के लिए 'माइंड मैपिंग', 'फ्री एसोसिएशन' तथा `SCAMPER' (Substitute, Combine, Adapt, Modify, Put to another use, Eliminate, Reverse) जैसी रचनात्मक तकनीकों का सहारा लें।
- **हाथों से सृजन और क्राफ्टिंग):** बुनाई, मिट्टी के बर्तन बनाना, कंप्यूटर प्रोग्रामिंग या बागवानी जैसी गतिविधियाँ आज़माएँ। इन गतिविधियों के लिए कुछ घंटों के समय के लिए गहरे एकाग्रता की आवश्यकता हो सकती है और ये बिना किसी स्पष्ट दबाव के विचारों के खुले प्रवाह के लिए जगह प्रदान कर सकती हैं।
- **कंप्यूटर से जुड़े काम:** कंप्यूटर-आधारित कला, ग्राफिक्स कार्य, वीडियो निर्माण, अथवा जटिल स्प्रेडशीट और प्रस्तुतियों के निर्माण के लिए आवश्यक सूक्ष्म विवरणों

पर केंद्रित ध्यान एकांत में ही सर्वोत्तम रूप से संभव होता है।

यहाँ मुख्य बात गतिविधि के साथ गहन रूप से जुड़ना है। यह विचारों को वास्तविकता में उतारने की प्रक्रिया है, जहाँ वास्तविक रचनात्मक उपलब्धियाँ जन्म लेती हैं। एकांत ही वह अवस्था है, जो इन रचनाओं को मूर्त रूप देने के लिए आवश्यक एकाग्र प्रयास की अनुमति देती है।

रचनात्मक रुकावटों को पार करना

रचनात्मक रुकावटें सार्वभौमिक और परेशान करने वाली बाधाएँ हैं। वे अटक जाने, कुछ भी नया न सोच पाने, या आगे न बढ़ना चाहने के रूप में आती हैं। रचनात्मक रुकावट को दूर करने का सबसे प्रभावी तरीका अधिक मेहनत करना नहीं है, बल्कि जानबूझकर एकांत में चले जाना है।

पीछे हटने की ताकत

जब आप अटक जाते हैं, तो आपका सक्रिय मस्तिष्क उसी उलझन में गोल-गोल घूमता रहता है, बिना किसी वास्तविक प्रगति के। लेकिन एकांत में, जहाँ आस-पास कोई बाहरी दबाव नहीं होता, आप उस समस्या से सचेत रूप से पीछे हटने के लिए स्वतंत्र होते हैं। खुद को अलग करके, आप वास्तव में अपने अवचेतन मन को पृष्ठभूमि में चुपचाप काम करने के

लिए आमंत्रित करते हैं। अकेले टहलने जाएँ, ध्यान करें, या बस चुपचाप बैठें — अक्सर सबसे बेहतरीन जवाब ठीक उसी पल सतह पर आ जाते हैं, जब आप ज़ोर-ज़बरदस्ती उनका पीछा करना छोड़ देते हैं।

अपने स्थान को पुनर्व्यवस्थित करना

कभी-कभी, रचनात्मक या मानसिक रुकावट महज़ एक पुरानी आदत या एक ही जगह जमे रहने का परिणाम होती है। अपने भौतिक वातावरण को थोड़ा सा बदलना—यहाँ तक कि अपने एकांत के स्थान को बदलना (जैसे, किसी दूसरे कमरे में जाना, या बाहर प्रकृति के बीच बैठना)—आपके मस्तिष्क के सोचने के तरीके को बदल सकता है और नए विचारों को जन्म दे सकता है।

चिंतन और समीक्षा

जब आप अकेले हों, तो तटस्थ भाव से अपने काम की समीक्षा करें—

"मैं किन पुरानी मान्यताओं को सच मानकर चल रहा हूँ?"
"क्या कोई ऐसा क्रम है, जिसे मैं नज़रअंदाज़ कर रहा हूँ?"

यदि आप एक गहरी रचनात्मक रुकावट का सामना कर रहे हैं, तो उस रुकावट को ही कागज़ पर शब्दों में पिरोएं:

"असल में मुझे किस बात का डर है?" "यह रुकावट मेरे भीतर किस चीज़ का प्रतीक है?"

अक्सर, एक रचनात्मक रुकावट कोई दीवार नहीं होती; यह आपका अंतर्ज्ञान होता है जो आपसे दिशा बदलने या चीज़ों को थोड़ा सहजता से लेने के लिए कह रहा होता है।

चंचलता को पोषित करना

जब आप रुका हुआ महसूस करें, तो कुछ बिल्कुल नया, जोखिम-मुक्त और मज़ेदार रचनात्मक काम करें। यदि आप एक लेखक हैं, तो पेंटिंग आज़माएँ। यदि आप एक संगीतकार हैं, तो खाना बनाना आज़माएँ। इसका जादुई प्रभाव आपके जमे हुए रचनात्मक क्रम को फिर से व्यवस्थित कर देगा, और वहाँ से उपजी नई ऊर्जा को चुपके से आपके मुख्य काम में रिसने का रास्ता दे देगा।

बोरियत का सम्मान करना

हर पल स्क्रीन से जुड़ी हमारी इस आधुनिक दुनिया में, बोरियत एक दुर्लभ विलासिता बन गई है—एक ऐसी अवस्था जिसका अनुभव करने का विशेषाधिकार बहुत ही कम लोगों के पास बचा है। फिर भी, यह बोरियत रचनात्मकता के लिए सबसे शक्तिशाली उत्प्रेरकों में से एक है। जब मन का ध्यान भटकाने के लिए बाहर कुछ भी नहीं होता, तो वह मज़बूर होकर भीतर की ओर मुड़ता है और अपने ही विचारों के साथ खेलना शुरू कर देता है। यही खेल अक्सर पूरी तरह से नए और मौलिक विचारों को जन्म देता है। एकांत इसी बोरियत को उभरने और

अपना शांत काम करने के लिए एक सुरक्षित मानसिक जगह मुहैय्या कराता है।

जैसा कि मैं इस पूरी पुस्तक में बार-बार कहता आ रहा हूँ, एकांत लोगों की संगति का अभाव नहीं है; यह कल्पना के पनपने के लिए सबसे उपजाऊ ज़मीन है। यह वह शांत कमरा है, जहाँ अस्पष्ट विचार एक स्पष्ट आकार लेते हैं, विचारों के बीच छिपे हुए जुड़ाव बनते हैं, और नई अंतर्दृष्टि का जन्म होता है। अकेले बिताए गए समय मानवता से विमुख होने के लिए नहीं, बल्कि मौलिक सृजन की नींव रखने के लिए होते हैं।

इस ठहराव को अपने भीतर के कलाकार, विचारक और समस्या-समाधानकर्ता के लिए एक खुला निमंत्रण बनने दें, और उन अंतर्दृष्टियों तथा रचनाओं के साक्षी बनें, जो इस गहरे और उदार स्रोत से उद्भूत होती हैं।

7

प्रकृति की ओर वापसी

आधुनिकता की आपाधापी में, प्रकृति के साथ हमारा वह गहरा और सहज रिश्ता कहीं खो सा गया है। आज हमारी दुनिया ईंट-पत्थर की इमारतों और डिजिटल पर्दों तक सिमट कर रह गई है। इसके बावजूद, युगों-युगों से इंसान यह महसूस करता आया है कि प्रकृति केवल एक मूक दर्शक नहीं है—वह एक प्रज्ञावान गुरु और आत्मा को सुकून देने वाली संजीवनी है। जब एकांत का साथ मिलता है, तो प्रकृति आत्म-जागरूकता, असीम शांति और मानसिक उपचार की एक जीवंत पाठशाला बन जाती है। यह अध्याय आपको मानव-निर्मित दीवारों से बाहर निकलने के लिए प्रेरित करता है। यह एक आह्वान है प्रकृति की शरण में जाने का, जहाँ धरती और आकाश की स्वाभाविक लय आपके एकांत को संवारती है और आंतरिक शांति तथा बोध के नए द्वार खोलती है।

प्रकृति की उपचार शक्ति

प्रकृति के बीच टहलना—चाहे वह किसी विस्तृत खुले मैदान में हो या किसी शांत झील के किनारे—मन में असीम शांति भर देता है। यह महज़ कोई इत्तेफाक नहीं है; विज्ञान भी शरीर और मन पर इसके सकारात्मक व उपचारात्मक प्रभावों की पुष्टि करता है। प्रकृति, विशेष रूप से शांत और शांतिपूर्ण जगहें, हमारे शरीर और मन दोनों को गहराई से सुकून देते हैं।

तनाव और चिंता को कम करना

शोध यह प्रमाणित करते हैं कि प्रकृति के सानिध्य में रहने से कोर्टिसोल (तनाव का हार्मोन) का स्तर घटता है, हृदय गति सामान्य होती है, और रक्तचाप नियंत्रित रहता है। प्रकृति की ध्वनियाँ—यहाँ तक कि जब वे दूर से आ रही हों—तनाव के शारीरिक लक्षणों को कम करने में अचूक सिद्ध हुई हैं। एकांत में इसका प्रभाव और भी गहरा हो जाता है, क्योंकि तब हमारा मन दुनियादारी के भटकावों से मुक्त होकर प्रकृति के शांत प्रभावों को ग्रहण करने के लिए अधिक तैयार होता है।

बेहतर मनोदशा और वैचारिक स्पष्टता

प्रकृति के संपर्क को अवसाद और चिंता के घटते लक्षणों तथा एक बेहतर मनोदशा के साथ सीधे तौर पर जोड़ा गया

है। प्रकृति हमारा ध्यान एक बेहद सौम्य तरीके से अपनी ओर खींचती है—यह इतनी रोचक है कि हमें बांधे रखती है, लेकिन इतनी सहज है कि कोई मानसिक थकान नहीं होती। यह उस स्थिति से उबरने में मदद करती है जिसे वैज्ञानिक 'डायरेक्टेड अटेंशन फ़टीग' कहते हैं। इसके परिणामस्वरूप हमारी एकाग्रता, स्मृति और रचनात्मक सोच में अद्भुत सुधार होता है।

मज़बूत शारीरिक स्वास्थ्य

मनोवैज्ञानिक लाभों से परे, प्रकृति के सानिध्य को एक मज़बूत प्रतिरक्षा प्रणाली (स्वस्थ बैक्टीरिया और पेड़ों द्वारा छोड़े जाने वाले 'फाइटोनसाइड्स' नामक प्राकृतिक रसायनों के संपर्क के कारण), उच्च शारीरिक सक्रियता और बेहतर नींद की गुणवत्ता से भी जोड़ा गया है।

बायोफिलिया परिकल्पना

बायोफिलिया परिकल्पना यह सुझाती है कि मनुष्यों में प्रकृति और अन्य जीवित प्रणालियों के साथ जुड़ाव महसूस करने की एक जन्मजात प्रवृत्ति होती है। एकांत इस गहरे, विकासवादी बंधन को पनपने के लिए एक आदर्श स्थान प्रदान करता है—यह हमें हर तरह के भटकाव से मुक्त करता है और जीवन के इस विशाल ताने-बाने से जुड़ने की हमारी आंतरिक आवश्यकता को पूरी तरह से जीने की अनुमति देता है।

विज्ञान का रुख स्पष्ट है। प्रकृति केवल एक सुखद विलासिता नहीं है; यह हमारे समग्र स्वास्थ्य का एक अनिवार्य हिस्सा है, विशेष रूप से तब, जब एकांत के माध्यम से एक विचारशील और कृतज्ञ दृष्टिकोण के साथ इसके पास जाया जाए।

फ़ॉरेस्ट बाथिंग(शिनरिन-योकू)

जापान से उपजी 'शिनरिन-योकू' या 'फ़ॉरेस्ट बाथिंग' की कला केवल जंगल में टहलने तक सीमित नहीं है। यह अपनी सभी इंद्रियों को स्वेच्छा और सजगता के साथ प्रकृति के प्रति खोलने का एक सचेत अभ्यास है। वास्तव में, फ़ॉरेस्ट बाथिंग अपने आप में एक गहन ध्यान है, जो हमारे और इस ब्रह्मांड के बीच के संबंध को प्रगाढ़ करता है।

इसका उद्देश्य कोई मंज़िल पाना नहीं है; इसका एकमात्र उद्देश्य पूरी तरह से 'वर्तमान' में उपस्थित रहना है। यह एक धीमी और प्राय: उद्देश्यहीन यात्रा है, जिसमें ठहरने, निहारने और गहराई से यह महसूस करने के लिए पर्याप्त समय होता है कि इस क्षण में आप कहाँ हैं।

किसी शांत जगह की तलाश करें। एक पेड़ की घनी छाँव में बैठ जाएं। कुछ पलों के लिए अपनी आँखें बंद करें। फिर उन्हें धीरे से खोलें और अपनी चेतना व इंद्रियों को इस प्राकृतिक दुनिया को आत्मसात करने दें। जीवन की गति को सचेत रूप से धीमा करना और इंद्रियों का यह मौन उपयोग ही प्रकृति को अपना उपचारात्मक कार्य करने की अनुमति देता है।

जब शिनरिन-योकू का अभ्यास एकांत में किया जाता है, तो यह सभी बाहरी दबावों और दुनियावी भटकावों को मिटा देता है। यह हमारे आस-पास एक ऐसा पवित्र स्थान निर्मित करता है, जहाँ हम प्रकृति के साथ एक अत्यंत शुद्ध, गहरा और अबाधित संबंध विकसित कर सकते हैं।

इंद्रियों की तल्लीनता

भले ही आपके लिए किसी घने जंगल में जाकर 'फ़ॉरेस्ट बाथिंग' का पूरा अनुभव लेना संभव न हो, फिर भी आप बाहर कहीं भी—यहाँ तक कि किसी बहुत छोटी सी जगह में भी—अपनी इंद्रियों के माध्यम से प्रकृति से गहराई से जुड़ सकते हैं। यह अपनी चेतना को आस-पास के वातावरण के साथ एकाकार करने और प्रकृति को आमंत्रित करने की कला है, ताकि वह आपको अपने संतुलन और शांति में समेट ले।

"माइक्रो-नेचर" का अभ्यास

प्रकृति को सबसे छोटी और अप्रत्याशित जगहों पर खोजना सीखें—जैसे फुटपाथ की दरारों को चीरकर निकलता हुआ कोई नन्हा पौधा, या शहर के शोरगुल वाले पार्क में उड़ान भरता कोई पक्षी। प्रकृति का कोई भी अंश, चाहे वह कितना भी सूक्ष्म क्यों न हो, आपको पूरी तरह से 'वर्तमान' में वापस लाने के लिए पर्याप्त है।

संवेदनशील अवलोकन

प्रकृति की कोई भी साधारण सी वस्तु लें—एक पत्थर, एक पत्ता, या कोई फूल—और उसे पूरे ध्यान से निहारें। उसके रंग, उसकी बुनावट, उसकी अपूर्णताओं और उसमें छिपे क्रम को महसूस करें। जब आप इसे छूते या हिलाते हैं, तो यह कैसा प्रतीत होता है? इसका लचीलापन या इसका ठहराव आपको क्या संदेश दे रहा है?

प्राकृतिक लय के साथ तालमेल

बस शांति से बैठ जाएं और सुनें। बहती हवा की लय, पानी की लहरों का उठना और गिरना, झींगुरों की निरंतर आवाज़, या पक्षियों के गीत के बीच पसरे उस मौन को महसूस करें। प्रकृति की ये ध्वनियाँ स्वतः ही आपके भीतर गूंजने लगती हैं और आपकी अपनी श्वास व हृदय की गति के साथ तालमेल बिठा लेती हैं, जिससे वे और भी अधिक सुकून देने वाली बन जाती हैं।

मौसम की प्रत्यक्ष अनुभूति

बारिश की सोंधी महक, धूप की गुनगुनाहट, या ठंडी हवा का स्पर्श—इनमें से हर एक अनुभूति पृथ्वी की उस असीम और मूल ऊर्जा की एक जीवंत अभिव्यक्ति है।

यहाँ शब्दों या बौद्धिक चिंतन की कोई आवश्यकता नहीं है। आप बस अपने इस संवेदी अनुभव के प्रति पूरी तरह से

समर्पण कर देते हैं, और प्रकृति को अनुमति देते हैं कि वह अपनी उस कोमल और खामोश आवाज़ में आपसे संवाद करे।

एकांत की बाहरी गतिविधियाँ

प्रकृति के प्रति अपने प्रेम को सचेत रूप से एकांत के साथ जोड़ना, आपके सक्रिय एकांत अभ्यास का एक शानदार आरंभ हो सकता है। इनमें से प्रत्येक गतिविधि, चाहे वह कितनी भी साधारण क्यों न लगे, प्रकृति के साथ एकाकार होने का एक अत्यंत समृद्ध और अर्थपूर्ण माध्यम प्रस्तुत करती है।

अकेले टहलना और पदयात्रा

किसी पगडंडी या कम जाने-पहचाने रास्ते का चुनाव करें। सुबह की पहली किरण या ढलती शाम का वह समय चुनें जब रास्ते शांत और स्थिर हों। इस दौरान अपने मन को मुक्त होकर विचरने दें, या अध्याय 5 में बताए गए ध्यानपूर्ण चलने का अभ्यास करें। महसूस करें कि प्रकृति की सैर का हर एक पल कैसे आपके मन को आलोकित करता है और आपकी आँखों में एक नई चमक भर देता है।

बागवानी

आपके बगीचे का आकार चाहे जो भी हो—भले ही वह आपकी बालकनी के एक छोटे से गमले तक ही सीमित

क्यों न हो—पौधों के साथ जुड़ना, जीवन के सृजन और विसर्जन की सनातन प्रक्रिया का साक्षात् अनुभव करना है। मिट्टी के साथ जुड़ने का शारीरिक प्रयास, उसमें से जीवन को अंकुरित होते देखना, और उसके विकास की शांत प्रक्रिया का साक्षी बनना एक अकल्पनीय रूप से ध्यानपूर्ण और आत्मिक अनुभव है।

प्रकृति के बीच मौन बैठना

बस शांत बैठने और अपने अस्तित्व को महसूस करने में जो आनंद है, वह अवर्णनीय है। अपने लिए एकांत का कोई कोना ढूँढ़ें—चाहे वह पार्क की कोई खाली बेंच हो, किसी नदी के किनारे की चट्टान, या किसी पुराने पेड़ की घनी छाँव। खुद को पूरी तरह से वर्तमान क्षण में ठहरने दें। छनकर आती धूप, पत्तों की सरसराहट, आस-पास की ध्वनियों और हवा के स्पर्श को महसूस करें। यह 'प्रकृति का ध्यान' अपने आप में एक संजीवनी है।

फोटोग्राफी

प्रकृति के बीच घूमते समय अपने साथ कैमरा रखना आपकी दृष्टि को और भी सूक्ष्म बना सकता है। किसी दृश्य को फ्रेम करना या तस्वीर लेने की तैयारी करना, आपको उन छोटी-छोटी बारीकियों पर ध्यान केंद्रित करने के लिए प्रेरित करता है, जिन्हें शायद आप जल्दबाजी में अनदेखा कर देते।

तारों को निहारना

किसी साफ रात में, शहर की चकाचौंध और कृत्रिम रोशनी से दूर किसी स्थान पर जाएं। रात के आकाश की वह अथाह विशालता आपके भीतर विस्मय, एक नया नज़रिया, और खुद से कहीं अधिक विराट सत्ता के साथ जुड़ाव की भावना पैदा कर सकती है। यह एक ऐसा अनुभव है जो मनुष्य को विनम्र बनाता है और उसकी चेतना का विस्तार करता है।

एकांत में की जाने वाली ये गतिविधियाँ हमारे निष्क्रिय अवलोकन को एक जीवंत और सक्रिय भागीदारी में बदल देती हैं। इसके परिणामस्वरूप, न केवल प्रकृति के प्रति हमारा सम्मान गहरा होता है, बल्कि हमारे भीतर एक असीम शांति भी जड़ें जमाने लगती है।

प्रकृति: एक जीवंत रूपक

अपने स्पष्ट उपचारात्मक महत्व के अतिरिक्त, प्रकृति हमें ऐसे अनगिनत सबक और दृष्टांत प्रदान करती है, जो हमारे आत्म-विस्तार में सहायक होते हैं। जीवन के ये गूढ़ रहस्य हमारे आस-पास ही बिखरे पड़े हैं, जिन्हें हम एकांत की स्पष्टता में सहजता से ग्रहण कर सकते हैं।

सृजन और विसर्जन की ऋतुएं

प्रकृति हमें बार-बार नश्वरता का पाठ पढ़ाती है—वसंत का प्रस्फुटन, ग्रीष्म की उर्वरता, शरद ऋतु का पतझड़, और

सर्दियों का गहरा मौन। एकांत में इन चक्रों पर विचार करने से हमें जीवन के बदलावों को इस उम्मीद के साथ स्वीकार करने की शक्ति मिलती है कि हर अंत के गर्भ में एक नई शुरुआत छिपी होती है।

लचीलापन और अनुकूलन क्षमता

ध्यान दें कि कैसे एक नन्हा पौधा कंक्रीट की दरारों को चीरकर बाहर आता है, या कैसे एक विशाल पेड़ तेज़ हवाओं में झुक जाता है, लेकिन टूटता नहीं। प्रकृति हमें सिखाती है कि परिस्थितियों के आगे कैसे झुकना है, कैसे स्वयं को ढालना है, और संघर्षों से गुज़रकर कैसे और अधिक सशक्त होकर उभरना है। एकांत में बैठकर अपने संघर्षों पर विचार करें और सीखें कि आप भी बिना टूटे कैसे झुक सकते हैं और विकास के नए मार्ग कैसे खोज सकते हैं।

परस्पर जुड़ाव

प्रकृति में कुछ भी एकाकी या अलग-थलग नहीं है। कवक और पौधों का सहजीवन, परागण के लिए कीटों की आवश्यकता, और जल चक्र—ये सभी एक-दूसरे पर गहराई से निर्भर हैं। एकांत में इस अंतर्संबंध को महसूस करने से हमारी चेतना का विस्तार होता है। यह हमें हमारे आत्मकेंद्रित स्वरूप से बाहर निकालकर, जीवन के इस विशाल और जटिल ताने-बाने से जोड़ता है।

धैर्य और निरंतरता

एक पेड़ रातों-रात बड़ा नहीं होता; एक नदी को घाटियां तराशने में लाखों वर्ष लग जाते हैं। प्रकृति की अपनी एक सहज गति है, और यह हमें धैर्य तथा धीमी, क्रमिक प्रगति की शक्ति सिखाती है। एकांत में, आप आधुनिक जीवन की अंधी दौड़ से बाहर निकलकर स्वयं को प्रकृति की उस धीमी, अधिक समझदार और शाश्वत लय के साथ जोड़ सकते हैं।

उन्मुक्तता और प्रामाणिकता

प्रकृति अपने वास्तविक स्वरूप में होने के लिए कभी क्षमा नहीं मांगती। एक आड़ा-तिरछा पेड़ कभी भी सलीके से कटी हुई बाड़ बनने का दिखावा नहीं करता। प्रकृति की यह प्रामाणिकता हमें प्रेरित करती है कि हम भी अपने सामाजिक मुखौटों को उतार फेंकें और अपने उस अद्वितीय और वास्तविक स्वरूप को सहर्ष स्वीकार करें।

गहरे एकांत को साधने का अर्थ यह समझना है कि यह किसी कमरे की चार दीवारों तक सीमित नहीं है। यह खुली हवा में, पत्तों की सरसराहट में, बहते पानी की कलकल में, और आकाश के अनंत विस्तार में पलता है। प्रकृति केवल घूमने की कोई जगह नहीं है; यह हमारे भीतर का एक स्थान है, एक महान गुरु है, एक गहरी उपचारात्मक शक्ति है, और हमारी आंतरिक यात्रा की सबसे शांत मार्गदर्शक है। जानबूझकर एकांत को चुनकर, आप खुद को एक ऐसे शाश्वत ज्ञान के लिए खोलते हैं जो आपके घावों को भरता है, आपको प्रेरित करता

है, और इस सृष्टि में आपके वास्तविक स्थान की याद दिलाता है। प्रकृति को अपनी पाठशाला बनाएं, और उस असीम शांति व बोध को ग्रहण करें जो केवल उसकी स्नेहमयी गोद ही आपको दे सकती है।

8

अगले स्तर का रूपांतरण

जब आप खुद को निरंतर गहरे एकांत के अभ्यास में विलीन करते हैं—चाहे वह भीतर की आवाज़ को गहराई से सुनना हो, खुद से रचनात्मक प्रश्न पूछना हो, या प्रकृति की लय के साथ तालमेल बिठाना हो—तो आपके भीतर कुछ अत्यंत गहरा घटित होने लगता है। शुरुआत में जो केवल सजगता के कुछ छिटपुट पलों की एक श्रृंखला जैसा प्रतीत होता है, वह धीरे-धीरे संचित होकर एक वास्तविक और स्थायी रूपांतरण का रूप ले लेता है। यह यात्रा अब केवल बेहतर महसूस करने या तनाव कम करने तक सीमित नहीं रह जाती; यह चेतना में एक क्रांतिकारी बदलाव का अनुभव करने, जीवन के व्यापक सत्यों के प्रति जागृत होने, और इस असीम ब्रह्मांड में अपने वास्तविक स्थान को पहचानने की प्रक्रिया है। इस अध्याय में, हम उन महान उपलब्धियों और अंतर्दृष्टियों का

अन्वेषण करेंगे जो तब प्रकट होती हैं, जब गहरा एकांत आपकी वास्तविकता और जीवनशैली बन जाता है। यह वह अवस्था है जो आपको महज़ आत्म-सुधारकी सीमाओं से बहुत आगे ले जाकर, उच्चतर चेतना और गहन आत्म-बोध के एक नए धरातल पर स्थापित कर देती है।

एक महान अनावरण

कल्पना कीजिए कि वर्षों की धूल और कोलाहल के छंटने के बाद, आपको अपने जीवन को देखने के लिए स्फटिक जैसा एक पारदर्शी और स्पष्ट लेंस मिल गया है। गहरे और आत्म-निरीक्षण वाले एकांत से उभरने वाले इस महान अनावरण की प्रकृति कुछ ऐसी ही होती है। यह कोई अचानक होने वाला या नाटकीय बदलाव नहीं है, बल्कि हमारी अंतर्दृष्टियों का धीरे-धीरे गहरा होना और अपने एक अधिक प्रामाणिक स्वरूप में स्थिर होना है।

कंडीशनिंग की परतों को उतरना

हम खुद को जो कुछ भी मानते हैं, उसका अधिकांश हिस्सा दूसरों की अपेक्षाओं, हमारे परिवेश, और हमारे अतीत के अनुभवों द्वारा गढ़ा गया होता है। एकांत में, ये ओढ़ी हुई परतें एक-एक करके झड़ने लगती हैं। बाहरी दुनिया से मिलने वाली निरंतर स्वीकृति या तुलना के अभाव में, आप स्पष्ट रूप से देख पाते हैं कि कौन से विचार, मान्यताएं और आदतें वास्तव

में आपकी अपनी हैं, और कौन सी दुनिया से उधार ली गई हैं। यह एक ऐसी मुक्तिदायी प्रक्रिया है, जो आपको स्वतंत्र करती है और आपके सबसे प्रामाणिक स्वरूप को प्रकट करती है।

बिखरी कड़ियों को जोड़ना

एकांत से उत्पन्न होने वाला ठहराव आपके मस्तिष्क को उन बिखरी हुई कड़ियों को जोड़ने का अवसर देता है, जो शोरगुल में शायद कभी जुड़ ही नहीं पातीं। अलग-अलग प्रतीत होने वाली घटनाएँ, भावनाएँ और स्मृतियाँ अपने सही स्थान पर आकर एक अर्थपूर्ण चित्र उकेरने लगती हैं। इससे आपको अपने जीवन की कहानी, बार-बार दोहराए जाने वाले क्रम, और लंबे समय से दबी हुई भावनाओं की जड़ों की एक बहुत गहरी समझ प्राप्त होती है।

आंतरिक कीमियागर

जिस प्रकार एक कीमियागर (अल्केमिस्ट) साधारण धातुओं को स्वर्ण में बदल देता है, उसी प्रकार गहरा एकांत हमारे भ्रम को स्पष्टता में, भय को असीम शांति में, और अविश्वास को गहन विश्वास में रूपांतरित कर देता है। यह एक ऐसा पवित्र स्थान है जहाँ हमारे आंतरिक संघर्षों को किसी बाहरी सलाह से नहीं, बल्कि हमारे अपने भीतर से उपजी गहरी और सहज समझ के माध्यम से सुलझाया जाता है।

अस्तित्व का एक नया आधार

समय के साथ, एकांत से मिलने वाले ये लाभ केवल कुछ पलों का 'अस्थायी सुकून' नहीं रह जाते; ये आपका नया स्वभाव बन जाते हैं। एकांत के दौरान अनुभव की गई वह असीम शांति आपकी रोज़मर्रा की बातचीत और व्यवहार में झलकने लगती है। अपने विचारों को कुरेदने से प्राप्त होने वाली स्पष्टता आपके सोचने का स्थायी तरीका बन जाती है। यही नया और शांत स्वभाव एक उच्चतर चेतना का वास्तविक प्रमाण है।

अभूतपूर्व स्पष्टता

लंबे समय तक एकांत का अभ्यास करने से होने वाला शायद सबसे जादुई और शक्तिशाली बदलाव 'स्पष्टता' में होने वाली अभूतपूर्व वृद्धि है। यह बिल्कुल वैसा ही है जैसे किसी धुंधली पड़ी खिड़की से कोहरा साफ कर दिया गया हो, जिसके बाद आप अपने जीवन, अपने रिश्तों, और अपने लिए सबसे महत्वपूर्ण चीज़ों को अत्यंत सूक्ष्म और पारदर्शी रूप में देख पाते हैं।

स्थितिजन्य जागरूकता

रोज़मर्रा की ज़िंदगी के शोर-शराबे और आपाधापी के बीच जो परिस्थितियां और उलझनें बिल्कुल असंभव सी लगती

थीं, वे एकांत में विचार करने के बाद या तो सुलझने लगती हैं, या फिर पूरी तरह से अप्रासंगिक महसूस होने लगती हैं। आप किसी भी परिस्थिति से थोड़ा पीछे हटकर एक विस्तृत परिदृश्य देखने की क्षमता हासिल कर लेते हैं। इससे आपको वे समाधान और रास्ते नज़र आने लगते हैं, जो पहले आपकी दृष्टि से ओझल थे।

रिश्तों की गहरी पहचान

एकांत आपको अपने रिश्तों का निष्पक्ष रूप से मूल्यांकन करने का समय और मानसिक स्थान देता है। आप यह स्पष्ट रूप से पहचानने लगते हैं कि कौन सा व्यक्ति आपको सकारात्मक ऊर्जा से भरता है, कौन आपकी ऊर्जा को सोख लेता है, और कहाँ आपको अपनी सीमाएं तय करनी चाहिए। यह दूसरों से कट जाने के बारे में नहीं है; बल्कि यह अधिक जागरूकता और सचेत चुनाव के साथ लोगों से जुड़ने के बारे में है। आप एक गहरे आत्मिक जुड़ाव और महज़ सतही संपर्क के बीच का अंतर समझना सीख जाते हैं।

प्राथमिकताओं का पुनर्गठन

आज की आधुनिक दुनिया हम पर लगातार यह थोपती रहती है कि हमारी प्राथमिकताएं क्या होनी चाहिए—जैसे पेशेवर सफलता, भौतिक सुख-सुविधाएं, और हर पल व्यस्त नज़र आना। लेकिन जब आप एकांत में मौन बैठते हैं, तो बाहर से आने वाले ये सभी संदेश विलीन हो जाते हैं। तब आप गहराई

से महसूस करते हैं कि वास्तव में आपके लिए सबसे ज़्यादा क्या मायने रखता है। आपके जीवन के मूल्य, आपका उद्देश्य, आपके जुनून—सब कुछ एक स्पष्ट आकार ले लेता है। यह स्पष्टता आपको अपने जीवन को उन चीज़ों के इर्द-गिर्द फिर से संवारने की अनुमति देती है, जो आपको सच्ची और स्थायी खुशी देती हैं।

आत्मविश्वास के साथ निर्णय लेना

गहन स्पष्टता का सीधा अर्थ है—निर्णय लेने की पीड़ा और मानसिक द्वंद्व का अंत। अब आपके बाहरी दबावों या क्षणिक भावनाओं में बहकने की संभावना बहुत कम हो जाती है। इसके बजाय, आप अपने भीतर की उस स्पष्ट आवाज़ को सुनने में सक्षम हो जाते हैं, जो आपको अपने सबसे प्रामाणिक स्वरूप और अपने स्थापित मूल्यों के आधार पर सही चुनाव करने के लिए प्रेरित करती है।

सहज ज्ञान

जैसा कि अध्याय 5 में चर्चा की गई थी, एकांत हमारे अंतर्ज्ञान की आधारशिला है। लेकिन रूपांतरण के इस अगले स्तर पर पहुँचकर, अंतर्ज्ञान एक अत्यंत ठोस और विश्वसनीय आंतरिक दिशा-सूचक के रूप में विकसित हो जाता है। अब यह महज़ कोई अस्पष्ट सी भावना नहीं रह जाती, बल्कि एक गहराई से महसूस किया गया ज्ञान बन जाता है — अनुभूति की एक

ऐसी सजगता, जो किसी भी तर्क से पहले जन्म लेती है और हमें स्वयं के तथा दुनिया के बारे में प्रत्यक्ष अंतर्दृष्टि प्रदान करती है।

तर्क की सीमाओं से परे

अंतर्ज्ञान किसी समस्या को बौद्धिक रूप से सुलझाने की प्रक्रिया नहीं है; यह सीधे 'समाधान को जान लेने' की अवस्था है। यह भीतर से उठने वाली एक तीव्र अनुभूति, प्रज्ञा की एक अचानक कौंध, मन की आंखों में उभरती एक स्पष्ट तस्वीर, या एक ऐसी शांत आवाज़ के रूप में प्रकट होता है, जिसे शब्दों या तर्कों की कसौटी पर नहीं कसा जा सकता।

अवचेतन से गहरा जुड़ाव

गहरे एकांत के क्षणों में, आपके चेतन और अवचेतन मन के बीच की विभाजक रेखा अत्यंत महीन हो जाती है। यह अवस्था आपके अवचेतन से ज्ञान के एक निर्बाध प्रवाह को संभव बनाती है। हमारा अवचेतन मन विशाल जानकारी को संसाधित करने और उन क्रमों को पहचानने में सक्षम है, जो हमारी सामान्य सजगता की पकड़ से कोसों दूर होते हैं। आपका अंतर्ज्ञान अक्सर इसी अचेतन प्रज्ञा की वह आवाज़ होता है, जो आपसे सीधे संवाद कर रही होती है।

सच्चे अंतर्ज्ञान की पहचान

निरंतर अभ्यास के साथ, आप अपने सच्चे आंतरिक मार्गदर्शन को भय, चिंता, या कोरी कल्पनाओं से अलग करना सीख

जाते हैं। सच्चा अंतर्ज्ञान हमेशा शांत, स्पष्ट और चेतना का विस्तार करने वाला होता है; जबकि भय से उपजे विचार घबराहट पैदा करने वाले, सिकोड़ने वाले और दबाव डालने वाले होते हैं। एकांत वह नीरव स्थान प्रदान करता है जहाँ आप इन दोनों आवाज़ों के बीच के सूक्ष्म अंतर को स्पष्ट रूप से सुन और समझ सकते हैं।

भीतर की फुसफुसाहटों पर विश्वास

आप जितना अधिक अपने भीतर की इस सूक्ष्म आवाज़ से जुड़ते हैं और इसके सुखद परिणामों का अनुभव करते हैं, आपके अपने ही आंतरिक ज्ञान पर आपका विश्वास उतना ही दृढ़ होता जाता है। तब बाहरी दुनिया की राय या स्वीकृति पर आपकी निर्भरता स्वतः ही कम हो जाती है। आप स्वयं को उस आंतरिक मार्गदर्शन प्रणाली पर पूरी तरह से भरोसा करते हुए पाते हैं, जो मौन के क्षणों में हमेशा, हर पल आपके लिए उपलब्ध रहती है।

अधिक आत्मनिर्भरता और मानसिक मज़बूती

एकांत के माध्यम से उच्चतर चेतना का अनुभव करने का शायद सबसे बड़ा व्यक्तिगत लाभ है—एक अडिग 'आंतरिक केंद्र' का निर्माण। यह स्वतंत्रता और धैर्य की एक ऐसी ठोस भावना है, जो आपको पूरे आत्मसम्मान और गरिमा के साथ जीवन की चुनौतियों का सामना करने के योग्य बनाती है।

आत्म-निर्भरता

चूँकि आप समाधान, सांत्वना और अंतर्दृष्टि के लिए निरंतर अपने भीतर की ओर मुड़ते हैं, इसलिए आपके पास असीम आंतरिक संसाधनों का एक अथाह भंडार जमा हो जाता है। यह मानसिक उपचार और प्रसन्नता के लिए बाहरी चीज़ों या अन्य लोगों पर आपकी निर्भरता को काफी हद तक कम कर देता है। इसका अर्थ दुनिया से कट जाना या अकेला हो जाना नहीं है; बल्कि इसका वास्तविक अर्थ है—दुनिया के साथ जुड़ने से पहले भीतर से पूरी तरह सशक्त होना।

भावनात्मक लचीलापन

जीवन कभी भी चुनौतियों से पूरी तरह मुक्त नहीं हो सकता। लेकिन एक सुदृढ़ आंतरिक केंद्र के स्थापित होने से, आप असफलताओं पर उग्र प्रतिक्रिया नहीं करते और भावनात्मक तूफानों को कहीं बेहतर ढंग से पार कर जाते हैं। आप असहजता के बीच भी शांत बने रहने, अपनी भावनाओं को गहराई से समझने, और परिस्थितियों में बह जाने के बजाय दुगुनी शक्ति से वापस लौटने की क्षमता विकसित कर लेते हैं।

अराजकता के बीच आंतरिक शांति

इस संपूर्ण लचीलेपन का अंतिम परिणाम यह होता है कि जब आपके आस-पास की दुनिया पूरी तरह से अराजक या विक्षिप्त प्रतीत हो रही हो, तब भी आप एक असीम आंतरिक

शांति का अनुभव कर पाते हैं। यह ठीक किसी विनाशकारी बवंडर के केंद्र में स्थित उस शांत दिए की तरह है। इसका यह अर्थ बिल्कुल नहीं है कि आप संवेदनहीन हो गए हैं; बल्कि इसका अर्थ है कि आप भावनाओं के उस सैलाब में डूबे बिना, एक तटस्थ द्रष्टा की तरह सब कुछ देखने में सक्षम हैं।

वास्तविक आत्मविश्वास

सच्चा आत्मविश्वास बाहरी दुनिया से मिलने वाली सफलता या स्वीकृति से नहीं उपजता; यह खुद पर अडिग विश्वास करने और खुद को गहराई से जानने से आता है। एकांत आपको इस वास्तविक आत्मविश्वास को गढ़ने का एक पवित्र मंच प्रदान करता है। यहाँ आप अपने जीवन-मूल्यों और मान्यताओं पर दृढ़ता से खड़े होने का साहस जुटा पाते हैं, चाहे वे दुनिया की भीड़ या बहुमत के कितने ही विपरीत क्यों न हों।

एक व्यापक विश्वदृष्टि

गहरे एकांत में यह प्रवेश, विरोधाभासी रूप से, आपको न केवल स्वयं के साथ, बल्कि किसी बहुत विराट सत्ता के साथ एकता की गहरी अनुभूति में स्थापित कर देता है। दृष्टिकोण का यह बदलाव आपकी आँखें खोल देता है; यह आपको एक अहंकार-केंद्रित और संकीर्ण दृष्टि से निकालकर, इस विशाल और परस्पर जुड़े हुए ब्रह्मांड में आपके वास्तविक स्थान का बोध कराता है।

अहंकार से परे जाना

एकांत के शांत और असीम विस्तार में, अहंकार की वह शोरगुल भरी और मांग करने वाली आवाज़ बहुत धीमी और सौम्य हो जाती है। यह ठहराव आपको अपनी स्वार्थी ज़रूरतों और क्षुद्र भयों से परे देखने की दृष्टि देता है, जहाँ आप गहराई से यह महसूस करते हैं कि आप खुद से कहीं अधिक विराट और महान सत्ता का एक अभिन्न अंग हैं।

आध्यात्मिक और अस्तित्वगत समृद्धि

कुछ लोगों के लिए, गहरा एकांत एक उच्चतर आध्यात्मिक या अस्तित्वगत चेतना को भी जाग्रत करता है। यह आवश्यक नहीं कि यह कोई धार्मिक यात्रा हो; यह अक्सर खुद से बड़ी किसी सत्ता के साथ एकत्व की गहरी अनुभूति होती है।

इस गहरे ठहराव में, आप निम्न अनुभवों को पा सकते हैं:

- **उद्देश्य की स्पष्टता:** जीवन के वास्तविक अर्थ और उद्देश्य को लेकर एक अभूतपूर्व स्पष्टता।
- **परस्पर जुड़ाव की भावना:** अस्तित्व की इस भव्य बुनावट में अपने अनूठे स्थान की पहचान।
- **आंतरिक प्रज्ञा तक पहुँच:** उस सहज ज्ञान का प्रस्फुटन, जो किसी भी तर्कसंगत विचार की सीमाओं से परे है।
- **विस्मय की भावना:** सृष्टि के प्रति एक गहरा आश्चर्य और विस्मय महसूस करना, जो अक्सर प्रकृति के सानिध्य से और भी तीव्र हो जाता है।

एकांत का यह आयाम यद्यपि नितांत व्यक्तिगत है, फिर भी इसमें न केवल मनोवैज्ञानिक लाभ देने की क्षमता है, बल्कि यह जीवन को कहीं अधिक समृद्ध और पूर्ण बनाता है।

करुणा और सहानुभूति

जब आप अपनी खुद की आंतरिक उलझनों को अधिक स्पष्टता व करुणा के साथ समझना शुरू करते हैं, तो यह समझ स्वाभाविक रूप से दूसरों तक भी प्रवाहित होने लगती है। आप सहानुभूति की एक कोमल दृष्टि से दूसरों के संघर्षों और प्रेरणाओं को देखना शुरू कर देते हैं, क्योंकि अब आप यह जान चुके हैं कि हम सब एक ही मानवीय नियति का हिस्सा हैं। इसके लिए आपको हर पल सामाजिक होने या भीड़ में रहने की आवश्यकता नहीं है; यह करुणा आपके भीतर की समझ के उस गहरे कुएं से स्वतः ही छलकती है।

स्वयं से परे का उद्देश्य

इस व्यापक विश्वदृष्टि के साथ, आपके जीवन के उद्देश्य की परिभाषा ही बदल जाती है। यह केवल व्यक्तिगत लाभ या स्वार्थ की सीमाओं को लांघकर, संपूर्ण जगत की भलाई में योगदान देने, सेवा करने, या सहयोग करने की एक गहरी इच्छा में बदल जाता है। यह बदलाव, निःसंदेह, उस परस्पर जुड़ाव की गहरी समझ का ही एक अत्यंत सुंदर और स्वाभाविक परिणाम है।

कुछ झलकियां

इन गहरे बदलावों को अधिक स्पष्ट रूप से समझने के लिए, आइए जीवन के कुछ संक्षिप्त और प्रातिनिधिक उदाहरणों पर विचार करें। ये कहानियाँ इस बात का प्रतीक हैं कि जब हम एकांत को गहराई से अपनाते हैं, तो किस स्तर का वास्तविक रूपांतरण संभव है:

पुरानी चिंता के चक्र को तोड़ना

खनिजा एकांत का अभ्यास शुरू करने से पहले लंबे समय तक पुरानी चिंताओं से घिरी हुई थी। वह लगातार बाहरी दुनिया से आश्वासन तलाशती थी। लेकिन जब उन्होंने बाहरी शोर से कटकर 'गहन जर्नलिंग' और सजग ध्यान का मार्ग अपनाया, तो वे बिना किसी पूर्वग्रह या निर्णय के अपने ही चिंतित विचारों की एक तटस्थ द्रष्टा बन गई। उसने महसूस किया कि उसकी अधिकांश चिंता केवल एक अनुकूलित प्रतिक्रिया थी—एक अनिश्चित भविष्य को मुट्ठी में बांधने का घबराहट भरा प्रयास।

अपने सबसे गहरे आत्म-निरीक्षण के क्षणों में, वे खुद से पूछती थीं:

"क्या हो अगर मैं चीज़ों को नियंत्रित करने की इस आग्रह को छोड़ दूँ? क्या हो अगर मैं अपनी आंतरिक शक्ति पर भरोसा करूँ?"

धीरे-धीरे, उन्होंने एक ऐसी गहरी आंतरिक शांति की खोज की जो बाहरी उकसावों के बावजूद अडिग रही। एकांत ने

उनके डर को रातों-रात जादुई रूप से खत्म नहीं किया, बल्कि उन्हें उस डर का सामना करने के लिए वे आंतरिक संसाधन दिए, जिससे भय के साथ उनका रिश्ता हमेशा के लिए बदल गया।

जीवन के वास्तविक उद्देश्य की खोज

अनंत, जिन्हें अपनी पेशेवर सफलता से बाहरी दुनिया की सारी सुख-सुविधाएं मिल रही थीं, भीतर से खुद को बेहद खोया हुआ महसूस करता था। वे जीवन में किसी गहरे अर्थ की तलाश में था, लेकिन समझ नहीं पा रहा था कि वह क्या है। एक सप्ताह की 'सोलो कैंपिंग' और 'ट्रैकिंग यात्रा' के दौरान, रोज़मर्रा के भटकावों से मुक्त होकर, उन्होंने खुद को पूरी तरह से प्रकृति को सौंप दिया। उन्होंने प्रकृति के क्रमों को निहारने, अपने भीतर के असंतोष को डायरी में उतारने, और अपने जीवन-मूल्यों पर गहरे सवाल पूछने में घंटों बिताए। एक रात, तारों को निहारते हुए, उन्हें अचानक एक आत्मज्ञान प्राप्त हुआ: उनका असली काम केवल पैसा कमाना नहीं था, बल्कि उन प्राकृतिक स्थानों का संरक्षण करना था जहाँ उन्हें असीम शांति मिल रही थी। एकांत के गर्भ से उपजी इस स्पष्टता ने उनके लिए कर्म का एक नया मार्ग प्रशस्त कर दिया, और उन्होंने अपना जीवन पर्यावरण संरक्षण के लिए समर्पित करने का निर्णय लिया।

गहरी रचनात्मक अंतर्दृष्टि

विमला महीनों से एक पेंटिंग पर काम कर रही थी, लेकिन वे रचनात्मक रूप से पूरी तरह अटक गई थी और मानसिक

रूप से थक चुकी थी। उन्होंने एक दिन अपने स्टूडियो में पूर्ण एकांत में बिताने का फैसला किया। वे बस चुपचाप बैठी रही, अपने खाली कैनवास को निहारती रही, और अपने विचारों को बिना किसी दिशा के भटकने और फिर से एक साथ जुड़ने की अनुमति दी।

अचानक, उन्होंने एक दूसरा ब्रश उठाया, एक ऐसा रंग चुना जिसके बारे में वे सामान्यत: कभी नहीं सोचती, और अपने अवचेतन को अपना मार्गदर्शन करने दिया। महीनों से चली आ रही वह मानसिक रुकावट कुछ ही घंटों में गायब हो गई। पेंटिंग अपने आप, अत्यंत सहजता से आकार लेने लगी। उन्होंने महसूस किया कि यह सफलता इसलिए नहीं मिली थी क्योंकि उन्होंने अधिक मेहनत की थी; बल्कि इसलिए मिली क्योंकि उन्होंने उस आंतरिक प्रतिभा को उभरने के लिए एक खाली और शांत जगह उपलब्ध कराई थी।

शक्तिशाली एकांत की यह यात्रा एक क्रमिक विकास है, जहाँ प्रत्येक नया कदम पिछले कदम की नींव पर टिकता है। एक बार जब आप इस अभ्यास को अपने हृदय से स्वीकार कर लेते हैं, तो आप खुद को 'अगले स्तर के रूपांतरण' के लिए आमंत्रित कर रहे होते हैं—यह महज़ अपने जीवन का प्रबंधन करने से लेकर, अपने आंतरिक ब्रह्मांड का स्वामी बनने तक की यात्रा है। इस 'अगले स्तर के रूपांतरण' का उद्देश्य केवल कुछ पलों के लिए अच्छा महसूस करना नहीं है; इसका वास्तविक अर्थ इस बात को गहराई से बदलना है कि आप खुद को, दूसरों को और इस ब्रह्मांड को कैसे देखते हैं। यह चेतना की एक ऐसी उच्च अवस्था को गढ़ने के बारे में है, जो आपको बाहरी दुनिया की उथल-पुथल से अप्रभावित रहते

हुए, अधिक सजगता, समझदारी और पूर्ण आंतरिक शांति के साथ जीने में सक्षम बनाती है। इन बदलावों को पूरे मन से स्वीकार करें, क्योंकि ये आपकी इस निस्वार्थ और निर्बाध आंतरिक यात्रा का सबसे सच्चा और अमूल्य खज़ाना हैं।

9

एकांत के ज्ञान को जीवन में उतारना

एकांत की गहराइयों में उतरने की जिस यात्रा पर हम अब तक चले हैं, वह निसंदेह पूरी तरह से रूपांतरणकारी रही है। अब आप एकांत और अकेलेपन के बीच के उस महीन अंतर को भली-भांति समझ चुके हैं। आप इसके असीम मनोवैज्ञानिक लाभों को जान चुके हैं, अपने भीतर और बाहर पवित्र स्थानों को गढ़ चुके हैं, स्वयं को गहराई से सुनना सीख चुके हैं, अपनी रचनात्मक ऊर्जा को पहचान चुके हैं, प्रकृति की शरण ले चुके हैं, और यहाँ तक कि एक विस्तारित चेतना की उस अलौकिक झलक का अनुभव भी कर चुके हैं।

लेकिन सबसे बड़ा और महत्वपूर्ण सवाल यह है कि जब आप अपने इस शांत एकांतवास से बाहर कदम रखते हैं और

रोज़मर्रा की ज़िंदगी की उसी चिरपरिचित भागदौड़ में वापस लौटते हैं, तब आप क्या करते हैं?

यह अध्याय एकीकरण के उसी महत्वपूर्ण कौशल के इर्द-गिर्द बुना गया है। इसमें हम जानेंगे कि कैसे आप एकांत में सींची गई उस गहरी अंतर्दृष्टि को अपने दैनिक रिश्तों, कार्यों और व्यवहार में ढाल सकते हैं; ताकि जो असीम शांति, स्पष्टता और अखंडता आपने उस मौन में हासिल की है, वह केवल कुछ पलों का अनुभव बनकर न रह जाए, बल्कि आपके जीने का स्थायी तरीका बन जाए।

अराजक दुनिया में अपने भीतरी ठिकाने को बचाए रखना

बाहरी दुनिया हमेशा आपको अपने शोरगुल और अंतहीन मांगों के भंवर में वापस खींचने का प्रयास करेगी। यहाँ समाधान खुद को हमेशा के लिए दुनिया से अलग-थलग कर लेना नहीं है; बल्कि अपने भीतर एक ऐसा 'अदृश्य और सुलभ आश्रय' विकसित करना है, जहाँ आप कभी भी, कहीं भी लौट सकें। यह दुनिया के बीच रहने की कला है, लेकिन उसकी अराजकता का हिस्सा बने बिना।

ऊर्जा का आकलन

ज़रा ठहरिए। किसी भी सामाजिक मेलजोल या भीड़ का हिस्सा बनने से पहले अपनी ऊर्जा की एक त्वरित जांच करें।

खुद से पूछें: क्या यह जुड़ाव आपकी ऊर्जा को नया रूप देगा और उसका विस्तार करेगा—या यह आपकी ऊर्जा को सोख लेगा और केवल एक बोझिल दायित्व बनकर रह जाएगा? यह स्वार्थी होना नहीं है; यह अपनी बहुमूल्य और सीमित ऊर्जा के प्रति ज़िम्मेदार होना है।

प्रामाणिक आत्म-अभिव्यक्ति

एकांत से उपजी आत्म-स्वीकृति आपको दूसरों के बीच पूरी तरह से अपने वास्तविक रूप में बने रहने का गहरा आत्मविश्वास देती है, न कि किसी और की नकल करने का। इसका परिणाम यह होता है कि आपके रिश्ते अधिक वास्तविक और गहरे बनते हैं, और किसी और के जैसा दिखने का मुखौटा पहनने वाली मानसिक थकावट हमेशा के लिए खत्म हो जाती है।

सामाजिक मेलजोल के बाद अपनी ऊर्जा को पुनः संजोना

इस सत्य को स्वीकार करें कि सामाजिक जुड़ाव—चाहे वे कितने भी सकारात्मक और सुखद क्यों न हों—आपकी बहुत अधिक ऊर्जा की खपत कर सकते हैं। बाहरी दुनिया के इन अनुभवों को समेटने, पुनः केंद्रित होने और अपनी बिखरी हुई ऊर्जा को वापस सहेजने के लिए, सामाजिक आयोजनों के बाद कुछ समय पूरी तरह से एकांत के लिए निर्धारित करें। यह प्रकृति के बीच एक शांत सैर हो सकती है, अपने विचार

लिखना हो सकता है, या बस मौन में विश्राम करना हो सकता है।

एक निखरा हुआ व्यक्तित्व

हालाँकि ऊपरी तौर पर ऐसा लग सकता है कि एकांत आपको दुनिया से दूर ले जा रहा है, लेकिन वास्तविकता यह है कि यह आपको एक कहीं बेहतर मित्र और साथी बनाता है। अधिक ज़मीनी और आत्म-जागरूक होकर, आप अपनी उपस्थिति में एक नई गहराई, सच्ची प्रामाणिकता और दूसरों के प्रति असीम करुणा विकसित कर लेते हैं।

एक गहन श्रोता बनना

जिस प्रकार आपने एकांत में अपने भीतर की आवाज़ को गहराई से सुनने का कौशल विकसित किया है, उसी तरह आप दूसरों के लिए भी एक असाधारण श्रोता बन जाते हैं। अपने मन के कोलाहल या तुरंत प्रतिक्रिया देने की बेचैनी से मुक्त होकर, आप वास्तव में वह सब सुन पाते हैं जो दूसरे कह रहे हैं—चाहे वह शब्दों में व्यक्त किया गया हो या मौन में छिपा हो।

कम प्रतिक्रियाशीलता

जब आप एकांत में अपनी भावनाओं को संसाधित करना और अपनी कमज़ोरियों को समझना सीख लेते हैं, तो किसी

भी बातचीत में आपके आवेगी या रक्षात्मक होने की संभावना बहुत कम हो जाती है। इसके बजाय, आप सबसे कठिन और तनावपूर्ण संवादों में भी पूरी विचारशीलता और ठहराव के साथ अपनी बात रखते हैं।

सच्चा और प्रामाणिक जुड़ाव

जब आप खुद के साथ पूरी तरह से सहज हो जाते हैं, तो आपको बाहरी दुनिया से किसी प्रकार की स्वीकृति मांगने या दूसरों के माध्यम से अपना आंतरिक खालीपन भरने की आवश्यकता नहीं रह जाती। यह स्वतंत्रता आपके रिश्तों को अस्वस्थ निर्भरता से मुक्त करती है, जिससे ऐसे संबंध पनपते हैं जो वास्तविक प्रशंसा और साझा अनुभवों की ठोस नींव पर टिके होते हैं।

स्वस्थ सीमाएं

एकांत में अपनी वास्तविक ज़रूरतों को समझने के बाद, आप अपने रिश्तों में स्वस्थ सीमाएं तय करने और उन्हें बनाए रखने में अधिक सशक्त हो जाते हैं। अपनी ऊर्जा की रक्षा करने और अपने जीवन-मूल्यों का सम्मान करने के लिए यह अत्यंत आवश्यक है। इसके परिणामस्वरूप ऐसे रिश्तों का जन्म होता है, जो न केवल लंबे समय तक टिकते हैं, बल्कि उनमें जुड़े हर व्यक्ति की आत्मसम्मान को भी सुरक्षित रखते हैं।

सहानुभूति और पूर्ण उपस्थिति

आत्म-जागरूकता का यह उच्च स्तर आपको दूसरे व्यक्ति की भावनाओं और उनके जीवन के अनुभवों के साथ अधिक गहराई से जुड़ने में सक्षम बनाता है। आप अपने स्वयं के मुद्दों या पूर्वग्रहों को उन पर थोपे बिना, सच्ची सहानुभूति और करुणा के साथ उनके लिए पूरी तरह से उपस्थित रहना सीख जाते हैं।

बाहरी अराजकता में आंतरिक शांति लाना

संभवतः यह एकांत की शक्ति की अंतिम और सबसे बड़ी कसौटी है: जब जीवन अनिवार्य रूप से आपके सामने चुनौ-तियां और परेशानियां खड़ी करेगा, तब आप अपनी आंतरिक शांति को कितनी सुदृढ़ता से बनाए रख पाते हैं। एकांत का अभ्यास हमें यह नहीं सिखाता कि अव्यवस्था से मुँह कैसे मोड़ें; बल्कि यह सिखाता है कि असीम आंतरिक शांति और गरिमा के साथ उस तूफान के बीच से कैसे गुज़रें।

साक्षी भाव

एकांत में विकसित की गई सजगता आपको अपने ही मन और भावनाओं के जाल में उलझने के बजाय, उनका एक

तटस्थ साक्षी बनने के लिए तैयार करती है। जब भी किसी टकराव या तनाव का सामना होता है, तो आप अपने भीतर के उस 'द्रष्टा स्वरूप' को जाग्रत कर लेते हैं। यह आपको बिना किसी तत्काल भावनात्मक प्रतिक्रिया के, स्थिति को पूरी स्पष्टता के साथ देखने की शक्ति देता है।

प्रतिक्रियाशील नहीं, उत्तरदायी

निराशा, क्रोध या आवेश में आकर कोई भी उग्र प्रतिक्रिया देने के बजाय, अब आप कोई भी कदम उठाने से पहले एक पल के लिए ठहरने में सक्षम होते हैं। इस ठहराव में, आप अपने आंतरिक मार्गदर्शन को सुनते हैं, जिससे एक कहीं अधिक संतुलित, सकारात्मक और सचेत 'उत्तर' देने की संभावना बनती है। यह एकांत में पोषित की गई उस गहरी संवेदनशीलता और जागरूकता का ही एक स्वाभाविक परिणाम है।

श्वास में स्थिरता

जब बाहरी दुनिया की अराजकता आपको निगलने को आतुर हो, तो अपनी श्वास की ओर लौट आएं। कुछ धीमी और सचेत सांसें आपको पुनः अपने केंद्र में ले आएंगी, आपके नर्वस सिस्टम को शांत करेंगी, और आपके खोए हुए संतुलन को बहाल कर देंगी। यह श्वास ही हर पल आपके साथ चलने वाला आपका वह 'अदृश्य ठिकाना' है।

आत्म-मंथन को दैनिक जीवन में ढालना

किसी भी कठिन संवाद या क्रोध दिलाने वाली परिस्थिति का सामना करते समय, अब आप स्वतः ही स्वयं से ये प्रश्न पूछने लगते हैं: "यह अनुभव मुझे क्या सिखाने का प्रयास कर रहा है? मेरी वह कौन सी प्रतिक्रिया होगी जो मेरे सर्वोच्च जीवन-मूल्यों के अनुकूल हो? इस परिस्थिति से मुझे स्वयं के या दूसरों के बारे में क्या सीखना चाहिए?"

व्यापक दृष्टिकोण का लचीलापन

एकांत आपको जीवन की समस्याओं को एक व्यापक और विराट परिप्रेक्ष्य से देखने की दृष्टि प्रदान करता है। आप यह गहराई से समझ जाते हैं कि सभी समस्याएं अंततः क्षणिक हैं, और स्वयं को ढालने व रूपांतरित करने की आपकी आंतरिक क्षमता, बाहरी परिस्थितियों से कहीं अधिक प्रबल है। यह दृष्टिकोण एक ऐसा लचीलापन पैदा करता है, जिससे आप बड़ी से बड़ी बाधाओं को सहजता से पार कर जाते हैं।

एकांत की सफलता का पैमाना यह बिल्कुल नहीं है कि आप अकेलेपन में कितना समय बिता सकते हैं; बल्कि यह है कि आप उस मौन से प्राप्त ज्ञान, शांति और स्पष्टता को जीवन की घनी, उलझी हुई और अक्सर संघर्षपूर्ण वास्तविकताओं के बीच कितनी कुशलता से उतार पाते हैं।

यह एकीकरण एक निरंतर अभ्यास है। अपनी दिनचर्या से सचेत रूप से जुड़े रहकर, अपनी प्रतिबद्धताओं को समझदारी से चुनकर, अपने रिश्तों को खुले दिल से पोषित करके, स्पष्ट

सीमाएं निर्धारित करके, और जीवन के तूफानों को गरिमा के साथ सहकर—आप एकांत को कभी-कभार लिए जाने वाले आश्रय की श्रेणी से निकालकर, एक समृद्ध और शांतिपूर्ण जीवन का स्थायी निवास बना लेते हैं। ऐसे में आप दुनिया की अंतहीन मांगों के बावजूद नहीं, बल्कि इसलिए आंतरिक शांति का एक जीता-जागता उदाहरण बन जाते हैं, क्योंकि आपने अंततः अपने आप से गहराई से जुड़ना सीख लिया है।

10

एकोरूट के साथ आपकी जीवन भर की यात्रा

आपने एक बहुत ही स्पष्ट और जीवन बदलने वाली यात्रा तय की है। इस सफर में, आपने न केवल उपयोगी कौशल और ज्ञान हासिल किया है, बल्कि अपने भीतर ऐसे मजबूत गुण भी विकसित किए हैं जो हर कदम पर आपका साथ देंगे। यह आखिरी अध्याय इस पूरी सफर का एक निचोड़ है; यह आपको याद दिलाने के लिए है कि एकांत की अभ्यास कोई ऐसी लक्ष्य नहीं है जहाँ आप पहुँच कर रुक जाएं, बल्कि यह लगातार चलने वाली एक जीवंत प्रक्रिया है। यह दुनिया से जुड़ने और वापस खुद की ओर लौटने के प्राकृतिक चक्र को अपनाने के बारे में है। यह महसूस करने के बारे में है कि कैसे आपकी गहरी आंतरिक शांति छलक कर आपके

आस-पास के लोगों और माहौल को भी सुकून से भर देती है। और सबसे बढ़कर, यह सजगता तथा अपने समग्र कल्याण के इस निरंतर अभ्यास के प्रति आजीवन समर्पण का विषय है।

मुख्य संदेश का सार

इस पूरी पुस्तक में एक ही मूल संदेश गूंजता रहा है—एकांत एक सचेत और जानबूझकर चुनी गई अवस्था है, जो हमारे व्यक्तिगत विकास को तेज़ करने वाली एक शक्तिशाली प्रेरणा है। यह दुनिया से पीठ फेरना या पीछे हटना नहीं है; बल्कि यह अपने भीतर के जीवन में गहराई तक उतरना है, जहाँ से आप अधिक प्रामाणिक, खुले विचारों वाले और मानसिक रूप से मज़बूत होकर बाहर आते हैं।

हमने अपनी इस यात्रा की शुरुआत इस आम गलतफहमी को तोड़कर की थी कि 'अकेलापन' और 'एकांत' एक ही हैं। इस स्पष्टता ने एकांत को हमारे लिए एक स्वाभाविक और अनूठा साथी बना दिया। आपने देखा कि कैसे खुद के साथ बिताए गए इस समर्पित समय ने आपके मानसिक स्वास्थ्य को निखारा है, और आपके एकाग्रता, भावनात्मक संवेदनशीलता व आत्म-करुणा में सुधार किया है। आपने अपने एकांत के लिए एक सुरक्षित ठिकाना—चाहे वह भौतिक हो या मानसिक—तैयार करने में 'इरादे' की ताकत को समझा। उसके बाद, हमने जर्नलिंग, ध्यान और आत्म-मंथन जैसे कौशलों के ज़रिए गहराई से सुनने की कला सीखी। ये वे व्यावहारिक तरीके

हैं, जो आपको अपनी उस आंतरिक आवाज़ को सुनने के काबिल बनाते हैं, जो अक्सर दुनिया के शोर में दब जाती है।

हमने यह भी जाना कि एकांत हमारी कल्पना और रचनात्मकता का उद्गम स्थल कैसे है, जहाँ निरंतर एकाग्रता हमें नए विचारों और 'फ्लो स्टेट' तक ले जाता है। प्रकृति की उपचारात्मक शक्ति हमारी एक और अहम पाठशाला रही, जहाँ हमने अपनी इंद्रियों को खोलना और जीवन के प्राकृतिक चक्रों से गहरे सबक लेना सीखा। और अंत में, हमने उन गहरे बदलावों को महसूस किया जो एकांत के निरंतर अभ्यास से जन्म लेते हैं—एक अभूतपूर्व स्पष्टता, गहरा अंतर्ज्ञान, भावनात्मक लचीलापन और एक व्यापक विश्वदृष्टि। सबसे महत्वपूर्ण बात यह रही कि हमने इस आंतरिक ज्ञान को बाहरी दुनिया में उतारना सीखा, ताकि आपकी यह शांति सिर्फ आपके भीतर न रहे, बल्कि आपके रोज़मर्रा के जीवन और व्यवहार में भी दिखाई दे।

इस पूरी सफर की सबसे बड़ी सुंदरता इस खोज में छिपी है कि सच्चा एकांत आपको दूसरों से दूर नहीं करता। बल्कि, यह खुद के साथ आपके रिश्ते को इतना मज़बूत कर देता है कि बाहरी दुनिया के साथ आपके संबंध अधिक उद्देश्यपूर्ण, ज़मीनी और वास्तविक बन जाते हैं।

एकांत: एक अभ्यास, मंज़िल नहीं

शारीरिक 'फिटनेस' या किसी भी अन्य कौशल की तरह, एकांत भी एक दिनचर्या है, एक अभ्यास है। यह कोई ऐसी

चीज़ नहीं है जिसे आप एक बार हासिल कर लें और जीवन भर वह वैसी ही बनी रहे। जीवन हमेशा बदलता रहता है, और इसलिए एकांत की आपकी ज़रूरत भी जीवन के चक्रों के अनुसार घटती-बढ़ती रहेगी।

तरलता और लचीलापन

जीवन में ऐसे दौर भी आएंगे जब आपको सामाजिक मेलजोल की अधिक आवश्यकता होगी, और कभी ऐसा समय आएगा जब आपको दुनिया से थोड़ा पीछे हटने की ज़रूरत महसूस होगी। यहाँ असली कुंजी लचीला होना और अपने भीतर के मार्गदर्शन को सुनना है। समय और अपनी तत्कालीन ज़रूरतों के अनुसार अपने एकांत के अभ्यास को ढालने के लिए हमेशा तैयार रहें।

निरंतर खोज

आप जितने लंबे समय तक एकांत का अभ्यास करेंगे, आप अपने बारे में उतनी ही गहरी बातें जानेंगे। यह एक कभी न खत्म होने वाली खोज है—आप लगातार अपना विस्तार कर रहे हैं, और आपके भीतर का संसार रोज़ नए रूपों में आपके सामने प्रकट हो रहा है। अकेले बिताया गया हर एक पल इस बात की संभावना से भरा होता है कि आप अपने और अपने भविष्य के बारे में कुछ नया खोज लें।

पूर्णता नहीं, केवल प्रगति

अभ्यास के दौरान ऐसे पल भी आएंगे जब आपका मन भटकेगा या आप भीतर से बेचैन महसूस करेंगे। यह पूरी तरह से स्वाभाविक है। एकांत में हमेशा 'परफेक्ट' या पूर्ण होने का दबाव खुद पर से हटा दें। जो चीज़ सबसे ज़्यादा मायने रखती है, वह है आपका निरंतर और सच्चा प्रयास। शांत उपस्थिति के वे पल, जो शायद पूरी तरह से आदर्श न भी हों, फिर भी आपको इस रास्ते पर आगे ही बढ़ाते हैं।

वह कुआं जो कभी नहीं सूखता

अपनी शांति और ज्ञान को भीतर मौजूद एक कुएं की तरह समझें। एकांत में जाना उस कुएं से पानी निकालने जैसा है। आप जितना अधिक पानी निकालते हैं, वह कुआं ताज़े पानी से उतना ही अधिक भरता जाता है—यह शक्ति और स्पष्टता का एक ऐसा असीमित भंडार है, जो कभी खाली नहीं होता।

जुड़ाव और वापसी के चक्र

एक संतुष्ट और आनंदमय जीवन प्राकृतिक उतार-चढ़ाव की लय को—जुड़ने और वापस खुद में लौटने के बीच के इस सक्रिय संतुलन को—सहजता से स्वीकार करता है। एक स्वस्थ एकांत का अर्थ यह सक्रिय रूप से इस बात के प्रति सजग रहना है कि आप कब दुनिया के साथ जुड़ते हैं, और कब खुद के साथ।

जीवन का 'यिन और यांग'

जिस तरह दिन के बाद रात आती है, और विश्राम हमारे परिश्रम को संतुलित करता है, ठीक उसी तरह मानवीय जुड़ाव और एकांत एक-दूसरे के पूरक बनकर पनपते हैं। अकेले बिताया गया समय हमारे बाहरी संबंधों को पोषण देता है, और बाहरी दुनिया के अनुभव हमारे एकांत को समृद्ध करते हैं। एकांत हमें अर्थपूर्ण ढंग से बातचीत करने की ऊर्जा और स्पष्टता देता है; वहीं, बाहरी दुनिया के अनुभव हमें एकांत में बैठकर उन पर विचार करने और उन्हें सुलझाने का अवसर देते हैं।

मानसिक थकान से बचाव

निरंतर बाहरी शोर और लोगों की अपेक्षाओं का दबाव मानसिक थकान के सबसे बड़े कारण हैं। इस थकान से बचने के लिए, नियमित और सचेत एकांतवास कोई विलासिता नहीं, बल्कि एक गहरी आवश्यकता है। यह आपको अपनी भावनात्मक और सामाजिक ऊर्जा को पुनः संजोने में सक्षम बनाता है।

सच्चा सामाजिक जुड़ाव

एकांत में कुछ गुणवत्तापूर्ण समय बिताने के बाद, जब आप लोगों के बीच लौटते हैं, तो आपके पास एक स्पष्ट मन, अपनी पहचान का गहरा बोध, और प्रामाणिक रूप से खुद बने रहने की असीम क्षमता होती है। इसका सीधा अर्थ यह है कि अब

आपके रिश्ते अधिक वास्तविक हो जाते हैं—वे भीतर के किसी खालीपन को भरने का साधन नहीं रह जाते, बल्कि वे आपके सच्चे स्वरूप की सहज अभिव्यक्ति बन जाते हैं।

अपनी आंतरिक लय के साथ तालमेल

अपनी खुद की वास्तविक ज़रूरतों को गहराई से सुनना सीखें। हम में से कुछ लोग बाहरी जुड़ाव से ऊर्जा पाते हैं, जबकि कुछ अन्य एकांत और ठहराव से खुद को तरोताज़ा महसूस करते हैं। अपने भीतर उठने वाले संकेतों पर ध्यान दें—जानें कि कब दुनिया के सामने खुलना है, और कब वापस अपने एकांत में लौटना है। जीवन की इस प्राकृतिक लय का सम्मान करना कोई स्वार्थ नहीं है; बल्कि यह स्वयं के प्रति ज़िम्मेदारी निभाने का एक अत्यंत महत्वपूर्ण कार्य है।

तरंग प्रभाव

सशक्त एकांत का मूल्य केवल आपकी व्यक्तिगत भलाई तक सीमित नहीं है। जब आप अपने भीतर गहरी शांति, स्पष्टता और प्रामाणिकता को जन्म देते हैं, तो असल में आप ऊर्जा का एक 'तरंग प्रभाव' उत्पन्न कर रहे होते हैं। यह प्रभाव धीरे-धीरे फैलकर आपके आस-पास के लोगों के जीवन को छूता है, और इस तरह, अंततः पूरी दुनिया को प्रभावित करता है।

सकारात्मक उपस्थिति

एक संतुलित, आत्म-जागरूक और अपने केंद्र में स्थित व्यक्ति के रूप में, आप दूसरों के लिए एक शांत और सकारात्मक उपस्थिति बन जाते हैं। आपकी यह शांति संक्रामक होती है, जो कार्यस्थल पर, घर में और मित्रों के बीच के माहौल को अप्रत्यक्ष रूप से, लेकिन गहराई से, सकारात्मक बना देती है।

अधिक सहानुभूति और करुणा

जैसे-जैसे आप एकांत के माध्यम से गहरा आत्म-ज्ञान प्राप्त करते हैं, आपके भीतर दूसरों का दर्द महसूस करने की क्षमता स्वाभाविक रूप से विकसित होने लगती है। आप अधिक परवाह करने वाले मित्र, अधिक धैर्यवान साथी, और एक अधिक संवेदनशील व ज़िम्मेदार नागरिक बन जाते हैं।

उद्देश्यपूर्ण योगदान

आपने अपने भीतर जो स्पष्टता विकसित की है, वह आपको कहीं अधिक गहरे इरादे और पूर्ण उपस्थिति के साथ दुनिया में आगे बढ़ने की शक्ति देती है। चाहे वह आपका कार्य हो, सेवा का कोई काम हो, या कोई सार्थक बातचीत—अब आपके कदम किसी बाहरी उकसावे की उग्र प्रतिक्रिया नहीं होते, बल्कि वे एक सचेत उद्देश्य से जन्म लेते हैं।

दूसरों को प्रेरित करना

जब आप गहरे एकांत और आंतरिक शांति की नींव पर टिका जीवन जीते हैं, तो आप मौन रूप से एक प्रकाशस्तंभ बन जाते हैं—जो दूसरों को भी अपने भीतर की ओर मुड़ने के लिए प्रेरित करता है। बिना किसी दिखावे या प्रयास के, आपकी यह उपस्थिति दूसरों के लिए अपने खुद के ठहराव और मौन के क्षणों को खोजने की एक कोमल पुकार बन जाती है।

सामूहिक चेतना में बदलाव

एक ऐसी दुनिया की कल्पना करें जहाँ अधिक से अधिक लोग नियमित रूप से अपने आंतरिक ज्ञान तक पहुँचें, आत्म-करुणा का अभ्यास करें, और भीतर की गहरी शांति के साथ दुनिया से जुड़ें। इन व्यक्तिगत परिवर्तनों का संचयी प्रभाव हमारी सामूहिक चेतना में एक व्यापक और सकारात्मक बदलाव लाता है। यह बदलाव एक ऐसी दुनिया को पोषित करता है जहाँ आपसी समझ अधिक है, संघर्ष कम हैं, और सद्भाव गहरा है। इस दृष्टि से देखें तो, आपके भीतर की यह यात्रा अपने आप में एक बेहतर दुनिया के निर्माण के लिए आपका सबसे बड़ा और मौन योगदान है।

अंतिम पुकार

आपके हाथों में केवल एक पुस्तक नहीं है, बल्कि एकांत की शक्ति के माध्यम से आत्म-खोज, शांति और व्यक्तिगत

विकास की जीवन भर की यात्रा का निमंत्रण है। यह कोई त्वरित समाधान या कोई चलन नहीं है; यह एक शाश्वत अभ्यास है जो आपको आधुनिक जीवन की जटिलताओं को अनुग्रह और प्रामाणिकता के साथ पार करने का अधिकार देता है।

याद रखें, जीवन के सबसे अनमोल खज़ाने अक्सर शोरगुल वाली जगहों पर नहीं, बल्कि सबसे गहरे मौन में मिलते हैं। आपका आंतरिक ज्ञान हमेशा वहीं मौजूद होता है, जो बस आपके द्वारा उसे सुनने के लिए एक शांत जगह बनाए जाने की प्रतीक्षा कर रहा होता है। बाहरी दुनिया शायद आपका ध्यान खींचने के लिए लगातार शोर मचा रही हो, लेकिन आपकी आत्मा आपकी अपनी उपस्थिति के लिए तरसती है।

शांत क्षणों को गले लगाएँ। शोर से दूर हटें। अपने अस्तित्व की गहराई में गोता लगाएँ। इसके फलस्वरूप मिलने वाले अमूल्य उपहार—एक अभूतपूर्व स्पष्टता, गहरी रचनात्मकता, अडिग लचीलापन, और शांति की एक असीम अनुभूति—केवल और केवल आपके लिए हैं। इस यात्रा के लिए प्रतिबद्ध हों, क्योंकि यह उन सबसे प्यारे और सशक्त उपहारों में से एक है जो आप खुद को, और इसके विस्तार के रूप में, अपने आस-पास की दुनिया को दे सकते हैं।

आगे बढ़ें, और उस शानदार शक्ति की खोज करें जो एकांत की कला में आपका इंतज़ार कर रही है।

www.ingramcontent.com/pod-product-compliance
Lightning Source LLC
La Vergne TN
LVHW090407051026
849518LV00006B/2274
9788199264502